Blockchain Direto ao Ponto

COM PROPRIEDADE E PROFUNDIDADE,

SEM PERDER TEMPO COM TECNICIDADES.

carlos h. campello

Carlos Henrique Campello

Blockchain Direto ao Ponto

Com propriedade e profundidade,
sem perder tempo com tecnicidades.

1ª Edição

Em memória do meu pai,
Carlos Francisco Barreto Campello.

Índice

Prefácio

Sou um daqueles que ouviu falar do Bitcoin praticamente na sua concepção, lá nos idos de 2009. Li sobre esta nova moeda digital em uma das revistas físicas da qual era assinante, a Info Exame. Bitcoin era um conceito tão distante e profundamente abstrato que confesso que não me interessei à época.

A partir daí parei de acompanhar e só fui prestar atenção, de fato, depois de os preços das criptomoedas dispararem no final de 2017. Comecei a pesquisar sobre Bitcoin, Ethereum, compra e venda, corretoras de moedas virtuais (*exchanges*), ICO, tokens, dentre outros conceitos no que dizia respeito a investimentos.

Dessa vez, adquiri algumas frações de criptomoedas. E logo vi que não tinha - e não tenho - o mínimo perfil de investidor. Além de não gostar, é uma atividade que exige muito tempo, muita análise e praticamente tudo que você lê é cheio de ruído ou vieses.

Porém, algo me intrigava: o fato de o Bitcoin, até aquele momento, não ter sido hackeado ou sequer *invadido*. Na verdade, isso era o que me chamava mais à atenção. Lido com informática desde os meus sete anos de idade, quando fui apresentado pelo meu pai ao saudoso MSX HotBit, na década de 1980. Sempre tive computador em casa e sempre me interessei muito pela área. Trabalho e ganho meu sustento com informática desde 1998, tenho uma empresa desde 2003, além de duas startups nessa área. E, até então, não tinha ouvido falar em um sistema que nunca tivesse saído do ar ou nunca tivesse sua segurança, de algum modo, comprometida, ainda mais com esse volume de dinheiro circulando por ela.

A partir dessa curiosidade, comecei a investigar e estudar sobre o que fundamentava tecnologicamente todo aquele ecossistema de moedas virtuais: a blockchain. E me encantei. Entendi a genial saída da arquitetura da blockchain e seu conceito de prova de trabalho. Conheci os algoritmos, convenci-me do motivo pelo qual era virtualmente impossível comprometer aquele protocolo. E fui um pouco além: tive o prazer de conhecer a Ethereum Network, de entender como funciona um *smart contract* (contrato inteligente). Aprendi como programar e publicar um token e fiquei impressionado que até o Ether, a moeda principal da rede Ethereum, é, nada mais nada menos, que um dos diversos tokens que circulam naquela rede.

E é sobre isso que se trata esse livro: blockchain. Aqui não teremos análises de variações de valores do Bitcoin ou Ether. Não falaremos sobre *exchanges*, sobre as altas e baixas nas cotações. Sobre *bull market*, *bear market*, *candles* ou outros termos de criptoinvestidores. Não sei qual a melhor hora de comprar nem qual a melhor hora de vender - nem a melhor hora de manter (HODL!). Aqui, vamos falar da tecnologia que lastreia o mundo das criptomoedas e descobrir alguns dos diversos benefícios que a blockchain trouxe não somente para esta nova maneira de trocar dinheiro, mas também para outras aplicações práticas da vida cotidiana.

Da mesma forma que me convenci quando comecei a estudar sobre blockchain, vou tentar convencer o leitor de que é uma tecnologia extremamente segura, genial e disruptiva. Vou procurar ser o mais direto e pragmático possível, inclusive com exemplos os quais tentarei construir agradando aos que têm afinidade com informática e aos que apenas são bons curiosos.

Vamos conversar sobre o conceito de blockchain, sua segurança e características que a definem como tal, diferentemente de outros tipos de sistemas de gerenciamento de banco de dados. Procurarei demonstrar de maneira aprofundada como funciona a blockchain. E iremos além. Conheceremos a Ethereum Network e seus contratos inteligentes (*smart contracts*), analisaremos por que são tão seguros e veremos algumas de suas possibilidades e aplicações.

Por fim, falaremos sobre tokens, seus tipos e usos. Colocaremos a mão na massa e criaremos um novo token a partir de um *smart contract*. Faremos transações com ele, materializando, na prática, todo conhecimento adquirido ao longo dos capítulos.

Conceito de Blockchain

Blockchain é a tecnologia responsável por registrar e armazenar com segurança as transações monetárias em criptomoedas. Uma criptomoeda sempre tem uma blockchain como fundamento tecnológico que lastreia a troca de valores entre carteiras virtuais (*wallets*), guarda seu histórico e apresenta o saldo corrente de cada uma delas. Em resumo, blockchain é a plataforma na qual operam as criptomoedas.

Existem alguns atributos mínimos para que possamos definir essa tecnologia; são eles:

- Ser um livro-caixa capaz de armazenar saldos, transações e históricos;
- Deve ter uma arquitetura distribuída em uma rede ponto-a-ponto;
- Utilizar-se de criptografia para assegurar as carteiras e transações;
- Deve admitir somente inserções (novos registros);
- Novos registros são inseridos somente por consenso entre os participantes;
- Deve ter seu histórico imutável.

Ainda é controverso um conceito de blockchain, visto que as características acima citadas estão mais presentes em blockchains públicas, como a Bitcoin e Ethereum. Porém, seguramente podemos adotá-las para um melhor entendimento da tecnologia, já que elas serviram de ponto de partida para o desenvolvimento de outras auto intituladas blockchains.

Vamos abordar cada ponto, não respeitando, necessariamente, a ordem apresentada, pois uma característica é melhor explicada quando mesclada com outra. Assim, todas as características são profundamente interligadas.

Existem mais dois aspectos inerentes ao conceito de blockchain que não necessariamente fazem parte do seu conceito, mas que são importantes características que definem como disruptiva essa inovação tecnológica.

O primeiro aspecto é o de **contabilidade perfeita**. Isso quer dizer que os saldos presentes nas carteiras, as transferências monetárias realizadas entre elas, os custos da transação e até mesmo o cunho das novas moedas são regidos por um sistema totalmente livre de erros, extremamente seguro, transparente, rastreável e completamente auditável. Cada unidade de criptomoeda, com suas respectivas oito (!) casas decimais, é contabilizada de forma a não gerar nenhuma não conformidade nos seus registros correntes ou históricos.

Isso se torna mais incrível ainda quando incluímos o segundo aspecto que a blockchain trouxe como grande inovação: o conceito de sistema *trustless*. Os participantes da rede de um sistema *trustless* não precisam confiar uns nos outros para realizar, com total segurança, suas transações, porque todos eles são submetidos às mesmas regras, incondicionalmente.

Além disso, também não há uma necessidade de confiança numa terceira parte, a que rege todo o sistema, porque esta entidade não existe. A blockchain não tem uma terceira parte regulando e ditando as regras: quem faz isso é o próprio protocolo (a própria rede).

Num banco, por exemplo, quando você realiza um pagamento ou uma transferência, confia-se que o sistema do banco realmente debitará um valor do seu saldo e quitará o pagamento ou que esse mesmo sistema, de fato, fará a transferência do valor de uma conta para outra. Não se conhece (nem é possível conhecer) como o sistema do banco funciona nos seus meandros, suas regras, muito menos sua infraestrutura. Quem opera com bancos, *a priori*, **confia** neles e realiza suas operações utilizando seus respectivos sistemas.

Na blockchain não há necessidade de confiança porque não existe uma terceira entidade que se possa confiar ou não. O conceito de confiança é abstraído dessa relação porque as pessoas interagem diretamente com a rede e seu protocolo e, nele, todas as regras são abertas, bem definidas e previamente conhecidas.

Isso ficará mais claro quando, nos próximos capítulos, falarmos a respeito de como funciona a blockchain, sua arquitetura, o consenso gerado pelos participantes da rede e, claro, de como opera seu protocolo.

Arquitetura e Consenso

Existem alguns aspectos fundamentais que caracterizam uma blockchain e o primeiro tem a ver com sua arquitetura. Arquitetura, neste caso, refere-se à maneira de como essa tecnologia foi desenhada e projetada para funcionar.

Vamos abordar uma característica basilar da blockchain que é a sua arquitetura computacional distribuída ponto-a-ponto, que permite que o comportamento da rede seja regido através do consenso entre cada um de seus participantes.

Antes vamos explicar o que são *nodes* (os computadores membros dessa rede) e explicar as diferenças entre as arquiteturas centralizadas, descentralizadas e distribuídas para uma melhor compreensão dessa importante característica da blockchain.

Nodes

Nodes, ou nós, são os computadores que compõem a rede da blockchain. A grosso modo, para ser um nó membro é necessário realizar o download da blockchain da qual se quer fazer parte (Bitcoin ou Ethereum, por exemplo) e instalar o serviço (uma espécie de programa que roda em segundo plano) no seu computador. Via de regra, após a instalação, é iniciado o download de todo o banco de dados da blockchain, com todos os registros realizados até então, até que a máquina fique sincronizada com o restante da rede.

Ficar sincronizada significa que todos os registros presentes no seu computador coincidem com os registros de todos os outros computadores membros. Após isso, esse novo *node* passa a fazer parte efetiva da rede, realizando as validações e ajudando a minerar novos blocos - conceito que explicaremos oportunamente.

Os registros da blockchain, que constituem o banco de dados das transações e dos saldos de cada uma das carteiras, estão armazenados nos vários *nodes* que compõem a rede. Podemos dizer, então, que a blockchain tem como característica uma arquitetura computacional **distribuída**.

Isso não só parece, como é propositadamente bastante redundante e já garante uma mínima possibilidade de perda de dados: imagine um backup de um banco de dados armazenado em milhares de computadores em diversos locais do planeta. Também assegura uma constante auditoria e consistência, visto que um computador que apresenta um conjunto de dados diferente dos demais é rapidamente identificado como pária na rede - e desconectado dela.

Assim como outras características da blockchain, uma rede ponto-a-ponto (*peer to peer* ou P2P) já foi utilizada largamente bem antes das primeiras blockchain existirem. Em meados de 1990 e começo dos anos 2000, em plataformas de troca de músicas não licenciadas (piratas), programas como o Napster, Gnutella, eDonkey e eMule eram amplamente difundidos e já se utilizavam desse conceito de rede ponto-a-ponto. Um dos protocolos remanescentes ainda em franca utilização é o BitTorrent, que se utiliza do mesmo conceito.

Tais programas não são exatamente iguais à tecnologia da blockchain, porque, por exemplo, não existe um grande índice dos arquivos compartilhados nem existem regras complexas para adição de novos registros (arquivos). Mas os programas serviram de base para a criação da arquitetura da blockchain.

Arquitetura Centralizada (ou cliente-servidor)

Nos primórdios da computação e até mesmo da internet, a arquitetura mais vigente era a centralizada, através da qual um computador era responsável por prover os serviços que os usuários, por meio de computadores clientes, acessavam. Esse tipo de infraestrutura atribui à máquina que hospeda o serviço uma grande importância, responsabilidade e um alto nível hierárquico em comparação aos computadores que consomem este serviço. Os computadores *clientes* (que consomem o serviço) são completamente dependentes do computador *servidor* (que serve, disponibiliza o serviço).

Toda decisão e todas as regras do serviço prestado são ditadas pelo *servidor*, fazendo de quem o consome (os *clientes*) meros espectadores das diretrizes, sendo estas alteradas a qualquer momento por quem está no topo da hierarquia.

Esse tipo de arquitetura centralizada também é conhecida como cliente-servidor e, até hoje, é muito usado para aplicações corporativas (utilizadas em ERP), por exemplo.

Outro aspecto desse tipo de arranjo computacional é que ele é suscetível a sobrecargas e ataques de negação de serviço. Isso era facilmente ilustrado quando, em períodos de alta demanda de compras, os sites de *e-commerce* (Amazon, Submarino, etc.) ficavam lentos e até mesmo indisponíveis.

Ataques de negação de serviço (ou DoS, *Denial of Service*), a grosso modo, acontecem da seguinte forma: uma rede de milhares de computadores infectados com vírus (*worms*), também conhecidos como máquinas zumbis, é programada para acessar de maneira maciça e coordenada um determinado serviço, em uma determinada hora, gerando um pico de acessos e uma sobrecarga extraordinária no computador servidor. Isso faz com que o serviço hospedado nesse computador central, no intuito de continuar funcionando para quem já conseguiu acessá-lo, passe a negar novas conexões. É como se um restaurante chegasse a sua capacidade máxima de ocupação e o *maitre* negasse a entrada de mais clientes.

Porém, nesse caso, a princípio, não há como identificar quem é um usuário (cliente) legítimo ou um computador zumbi, fazendo com que o serviço seja negado de maneira arbitrária a praticamente todos os usuários, a ponto de, inclusive, fazer com que o servidor pare completamente de prover os serviços devido a uma sobrecarga de sua capacidade computacional (processador, memória, espaço em disco etc.) de gerenciar tantas requisições.

Dessa forma, uma rede centralizada pode, a qualquer momento, sofrer ataques dessa natureza, fazendo com que os serviços se tornem indisponíveis por longos períodos de tempo, até que se detecte e se combata o ataque - identificando e separando os computadores zumbis dos clientes legítimos, tarefa muitas vezes nada elementar.

Arquitetura Descentralizada

A arquitetura descentralizada foi uma evolução natural da centralizada. Naquela, vários servidores distribuem a carga de acessos dos computadores clientes. Caso um desses computadores apresente algum problema ou sobrecarga e trave, os outros assumem seu lugar imediatamente, fazendo com que o serviço continue disponível.

Com a globalização de vários serviços, essa arquitetura passou a fazer mais sentido, visto que seria ideal espalhar geograficamente diversos servidores, fazendo com que estes ficassem fisicamente mais próximos dos computadores clientes, diminuindo, assim, o tempo de resposta (latência). Isso ajudou a diminuir a carga de dados nos *backbones* da internet (linhas de conexão principal da internet, interligando regiões, países e continentes).

Apesar de parecer ideal, esse modelo ainda possui uma hierarquia bem definida. Os servidores possuem claramente um grau hierárquico maior do que os computadores clientes e, na ausência ou mau funcionamento destes, o serviço é interrompido local ou globalmente.

Não obstante, as regras de provimento daquele determinado serviço são regidas praticamente da mesma forma que as dos serviços centralizados, não constituindo uma diluição da cadeia de comando e principalmente da responsabilidade, sendo apenas uma replicação para fins de performance e disponibilidade.

É importante notar que, em ambos os tipos de arquitetura, seja centralizada (cliente-servidor) ou descentralizada, os clientes são meros espectadores das regras impostas pelo computador ou pelos computadores que estão oferecendo o serviço.

Arquitetura Distribuída e consenso

Voltando à arquitetura distribuída da blockchain, cada *node*, que nada mais é que um computador conectado à rede, provê rigorosamente o mesmo serviço dos demais. Não importa se esse *node* começou a funcionar hoje ou está em funcionamento há cinco anos: ele terá o mesmo grau de importância e hierarquia, funcionando da mesma maneira e dando suporte junto a todos os outros.

Diferentemente de outras arquiteturas, todos os *nodes* possuem a mesma hierarquia e responsabilidade, atribuindo a essa teia de computadores uma característica fundamental: estar virtualmente sempre disponível. Isto é, não há quedas, a blockchain não fica offline, a blockchain sempre é acessível e não é sujeita a ataques de negação de serviço por sobrecarga de uso (DoS, *denial of service*).

Nenhum *node* sozinho pode alterar as regras de provimento daquele serviço à revelia dos demais. As regras, também chamadas no jargão técnico de **protocolos**, são compartilhadas e seguidas por todos, da mesma forma, não havendo a possibilidade de um nó alterar o comportamento por decisão própria.

Caso um *node* apresente comportamento fora do protocolo estabelecido pela rede, ele é rápida e automaticamente identificado e desconectado.

Esse comportamento padronizado gerado pelo entendimento, via protocolo, de todos os nós também é chamado de **consenso**, importante atributo dessa arquitetura distribuída e presente nas blockchains mais utilizadas.

Note que a arquitetura distribuída não se aplica ou não se deve aplicar a qualquer tipo de serviço. Um aplicativo para smartphones, por exemplo, não precisa estar instalado em todos os aparelhos no intuito de criar uma grande e distribuída rede para funcionar. Pode, muito bem, funcionar em uma arquitetura centralizada ou descentralizada.

O seu aplicativo de pedidos de comida não precisa necessariamente ser ou estar numa blockchain, até porque a existência de uma hierarquia, nesse caso, parece fazer sentido, visto que as regras de prestação desse serviço, especificamente, não precisam estar sempre em consenso e sendo, continuamente, validada por todos os membros da rede (os clientes desse aplicativo).

É importante essa observação porque cada serviço possui sua característica e carrega suas necessidades. Ao longo dos próximos capítulos, vamos, juntos, convencer-nos de que a arquitetura distribuída parece ideal para o que a blockchain se propõe e vem fazendo há vários anos.

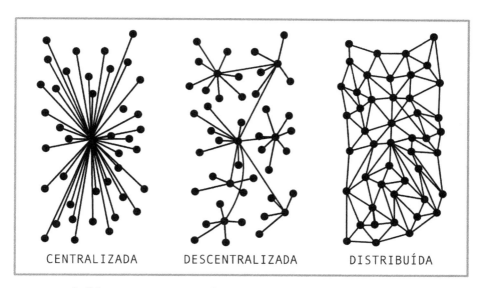

CENTRALIZADA   DESCENTRALIZADA   DISTRIBUÍDA

A diferença entre as três arquiteturas computacionais:
a centralizada (A), a descentralizada (B) e a distribuída (C).

Livro-caixa

Livro-caixa ou livro-razão (no inglês, *ledger*) é onde os registros contábeis de uma empresa são realizados. A grosso modo, livros caixa são utilizados por contadores para registrar as entradas e saídas monetárias de diversas contas de uma empresa. O conjunto dessas transações gera algo como um extrato de cada conta, com suas saídas (débitos), suas entradas (créditos), além dos seus respectivos saldos.

Note que o conceito acima possui uma simplificação propositalmente exagerada, visto que o objetivo, neste caso, não é explicar com detalhes e o rigor da ciência contábil toda a complexidade e as nuances envolvidas em um livro-razão, mas utilizar este conceito como ponto de partida para explicar a blockchain.

Os livros caixa são ferramentas utilizadas há mais de cinco mil anos. Os primeiros registros foram encontrados em tábuas de argila, as quais os mesopotâmicos registravam a quantidade de cada item. Isso tudo já bem dividido em linhas e colunas.

Atualmente, livros caixas são, em geral, eletrônicos, sejam em planilhas de Microsoft Excel ou de banco de dados convencionais; quando são registradas as movimentações ordinárias de uma empresa, separadas por contas, com todo o histórico preservado e apresentando o respectivo saldo de cada uma destas contas.

A blockchain funciona precisamente desse jeito. Acontece que as contas, nesse caso, são chamadas de **carteiras** (*wallets*), os registros são chamados de **transações** e os agrupadores dessas transações são chamados de **blocos**.

Explicaremos cada um desses tópicos.

Carteiras e Segurança da Blockchain

Podemos dizer que carteiras são as contas correntes da blockchain onde são creditadas e debitadas as criptomoedas. Porém, as *wallets* possuem diferenças fundamentais com as contas correntes convencionais.

Endereço

A primeira diferença é que não existe um conceito de banco-agência-conta, a tríade de informações que localiza e individualiza cada conta corrente convencional. As carteiras da blockchain possuem um identificador único chamado de **endereço**, que é suficiente para localizá-la.

0x147C104EcA1e5840354396a1b59026a90f97F7c1
Exemplo de endereço de uma carteira na rede Ethereum

Outra grande diferença entre uma carteira e uma conta-corrente é que as *wallets* não carregam nenhum tipo de informação que possa indicar a propriedade daquela conta. Não existe um CPF, um nome ou até mesmo um e-mail na informação da carteira e, a partir desse endereço, não se pode deduzir ou derivar nenhuma informação. Portanto, já conseguimos identificar uma característica das *wallets*: elas são anônimas.

No entanto, é importante afirmar que esse endereço, esse conjunto de caracteres alfanuméricos (sequência hexadecimal), não é arbitrariamente ou espontaneamente gerado. Apesar de não poder se derivar nada desse endereço, ele é derivado da **chave privada** da carteira.

Chave Privada e Chave Pública

É interessante e fundamental saber como funciona um sistema de criptografia que se utiliza de chaves públicas e privadas. Esse é mais um elemento que constitui as características da blockchain já amplamente difundido e utilizado. Todas as pessoas que utilizam a internet, mesmo sem saber, se utilizam desta forma de criptografia há vários anos.

A maneira mais fácil de se entender esse conceito de criptografia assimétrica (que possui duas chaves, uma pública e outra privada) é quando pensamos em uma fechadura que aceita duas chaves distintas.

Vamos supor que Lucas e Roberto querem se comunicar de forma completamente segura através de cartas. Lucas tem uma ideia e inventa uma fechadura que aceita duas chaves:

Uma delas consegue fechar, trancar a fechadura, mas não consegue abri-la. Essa é a chave pública, a qual Lucas poderá compartilhar com quem quer que seja.

A outra é a única que pode abrir a fechadura. Essa é a chave privada e ficará exclusivamente com Lucas. Ele não poderá compartilhá-la de forma nenhuma.

Essa fechadura é instalada em uma caixa de metal inviolável e essa caixa é o repositório no qual as cartas serão depositadas antes de serem enviadas (transmitidas).

Lucas envia a caixa vazia e aberta, além da chave pública, a Elder pelos correios. Elder escreve a carta, coloca dentro da caixa e tranca a fechadura com a chave pública que Lucas havia lhe enviado. Elder envia a caixa, dessa vez com a carta dentro e já fechada pela chave pública, pelos correios de volta a Lucas.

Lucas, único detentor da chave privada, consegue abrir a caixa e ter acesso à carta dentro da caixa.

Caso a caixa seja interceptada, no meio do caminho, por alguém mal intencionado, este não conseguirá abrir a caixa. Elder também, nesse caso, não precisa se preocupar muito em guardar com total segurança a chave pública, porque, caso alguém a roube e tente abrir a caixa, não conseguirá, já que a única função daquela chave é fechar e não abrir a fechadura.

Lucas, inclusive, pode fazer uma cópia dessa chave pública e enviar a todos os seus amigos; ou até mesmo deixá-la em um chaveiro para que se possa fazer uma cópia para qualquer um que deseje se comunicar sigilosamente com ele mesmo, Lucas.

É importante acrescentarmos algumas informações a respeito do funcionamento dessas chaves: o segredo da chave pública é sempre derivado do segredo da chave privada. Isso implica dizer que é possível derivar a chave pública a partir da chave privada. No entanto, é impossível da chave pública se derivar a chave privada (tecnicamente, é possível; mas, na prática, é estatisticamente improvável e computacionalmente impraticável).

Outra coisa importante é que a chave pública derivada daquela chave privada sempre irá entrar, acomodar-se na fechadura e conseguirá fechá-la. Porém, uma chave pública derivada de uma outra chave privada sequer conseguirá entrar naquela fechadura e, por consequência, nunca conseguirá fechá-la.

Desse novo funcionamento podemos extrair uma nova funcionalidade do sistema assimétrico de criptografia.

Vamos imaginar agora que essa caixa, ao invés de metal, seja feita de um tipo de resina transparente e inviolável, possuindo uma fechadura diferente: apenas a chave privada poderá fechá-la. A chave pública continuará sem poder abri-la, mas conseguirá entrar e se acomodar perfeitamente na fechadura.

Lucas, dessa vez, está preocupado em enviar uma carta para outro amigo seu, Pedro, com um texto que todo mundo poderá ler. Mas o conteúdo é tão crítico que Pedro quer ter a certeza de que foi realmente Lucas quem o escreveu.

Então Lucas escreve a carta, deposita-a dentro da caixa de resina transparente, tranca a fechadura com sua chave privada e envia para Pedro.

Pedro, detentor da chave pública, não conseguirá abrir a caixa - mas não precisa, o conteúdo está ali, exposto, para quem quiser ler. O que Pedro tem que fazer é se certificar que aquele texto realmente foi escrito por Lucas. Para isso, Pedro pega sua chave pública e tenta inserir na fechadura. Caso a fechadura aceite e acomode sua chave, ele terá a segurança de que realmente foi Lucas quem a depositou naquela caixa, visto que ele é o único detentor da chave privada.

Se alguém, se passando por Lucas, enviou uma caixa de resina transparente, semelhante à dele, inseriu uma carta nela e a enviou para Pedro, quando este alguém tentar inserir a chave pública, ela sequer entrará e Pedro saberá que o destinatário daquela carta não foi Lucas.

WhatsApp, Telegram, Signal

Esses três aplicativos de comunicação instantânea, bem difundidos, trabalham exatamente com esse conceito. Quando se clica em um dos contatos e uma janela se abre, antes mesmo de qualquer envio ou recebimento de mensagens, esses aplicativos derivam uma chave pública de cada um dos participantes e a enviam para o outro.

Lucas receberá a chave pública de Elder no momento em que clicar pela primeira vez nesse contato e vice-versa: Elder receberá a chave pública de Lucas nesse mesmo momento. Quando Lucas escrever uma mensagem e clicar em enviar, o aplicativo criptografará a mensagem com a chave privada de Elder e a enviará para Lucas. Elder, ao receber, de posse de sua chave privada, abrirá a mensagem e conseguirá lê-la. Da mesma forma que quando for responder a Lucas, o aplicativo, antes de transmitir a mensagem, vai criptografá-la com a chave pública que recebeu de Lucas. Este, da mesma forma, quando receber a mensagem, vai descriptografá-la utilizando sua chave privada.

Se alguém, no meio do caminho, interceptar essa mensagem, em um tipo de ataque chamado *man in the middle* (homem intermediário, em tradução livre), este alguém não conseguirá ler, porque ele não terá a chave privada de nenhum dos dois - esta chave nunca foi transmitida nem por Elder nem por Lucas.

Essa é uma outra forma de demonstrar a aplicabilidade deste tipo de criptografia assimétrica e como ela é bastante difundida em nosso dia a dia.

Blockchain se utiliza de criptografia para ser segura

Um dos principais atributos da blockchain é se valer do conceito de criptografia para se manter segura. E o conceito de criptografia assimétrica se aplica ao uso e funcionamento da blockchain.

Por exemplo: uma carteira possui, basicamente, três elementos:

1. **Chave privada**, exclusivamente de uso do dono da carteira;
2. **Chave pública**, que certifica as transações realizadas pelo detentor da chave privada validando cada uma de suas transações;

3. **Endereço**, sequência de caracteres alfanuméricos derivada da chave pública que identifica e localiza a carteira na blockchain.

Para que o dono de uma carteira transfira uma quantidade de criptomoedas para outra carteira, ele tem que necessariamente assinar (trancar) a transação com sua chave privada. Já sabemos que, da chave privada, podemos derivar a chave pública e que o endereço da carteira é uma derivação dessa chave pública.

Essa mensagem trancada pela chave privada do usuário funciona como a caixa de acrílico transparente, informando para todos o conteúdo da transação: a carteira de um determinado endereço está transferindo uma certa quantidade de criptomoedas para uma carteira com outro endereço; e para que todos possam se certificar de que o dono da carteira está autorizando um débito basta utilizar da chave pública e checar se ela entra e se acomoda na fechadura da caixa, que, neste caso, se comporta como uma **transação assinada**.

A carteira que recebe esse saldo não precisa autorizar o crédito, da mesma forma que uma conta corrente (via de regra) aceita depósitos e transferências (créditos) de quem quer que seja.

Entendendo o nível de segurança de uma chave privada

As chaves privadas são geradas a partir de um cálculo matemático que foi propositalmente feito para ser estatisticamente improvável e computacionalmente impraticável de ser quebrado.

Geralmente, são geradas a partir de dois números inteiros gigantescos pseudo-aleatórios, realizando uma série de cálculos até se chegar a algo como essa sequência alfanumérica, um número hexadecimal:

```
1a02b03c1a02b03c1a02b03c1a02b03c1a02b03c1a02b03c1a0
               2b03c1a02b03c
```

São 64 dígitos e cada dígito pode ir de 0 a f (0, 1, 2, 3, 4, 5, 6, 7, 8, 9, a, b, c, d, e, f). Em uma matemática simples, pode haver 16^{64} combinações possíveis, algo como $1{,}15 * 10^{77}$. Para se ter uma ideia, é estimado que a quantidade de átomos visíveis no universo é 10^{80}; bem distante, mas, mesmo assim, ainda mais próximo do que qualquer grandeza que usualmente conhecemos.

Como último exemplo, vamos utilizar a probabilidade de se acertar na Mega Sena: uma em 50 milhões. A probabilidade de se achar a chave privada de uma carteira na rede Bitcoin que possua qualquer saldo é de uma em $1{,}962 * 10^{69}$. Caso queira achar a chave privada de uma carteira específica, a probabilidade fica ainda pior: uma em $1{,}15 * 10^{77}$.

Dessa forma, podemos **assumir** que, por tentativa e erro ou ataques de força bruta, é impraticável se chegar a uma sequência de 64 caracteres hexadecimais que correspondam a uma chave primária de uma carteira com saldo; ou - pior ainda - a uma chave primária de uma *wallet* específica.

Ainda não existe um poder computacional que consiga fazer esses cálculos em um **tempo hábil**, mesmo que, para isso, seja necessário utilizar todos os computadores, servidores, celulares e dispositivos do planeta que possuam alguma espécie de processador para, juntos, tentar refatorar e se chegar a uma chave primária específica.

No futuro, em tese, os computadores quânticos conseguirão quebrar facilmente chaves privadas de computadores binários. Nesse momento, naturalmente, já estaremos fazendo uso de criptografia quântica para proteger nossas informações.

Hashes, Transações e Blocos

Vimos que aquele que possui uma chave privada de uma determinada carteira pode gerar uma transação assinada por esta chave, verificável por uma chave pública; e que, nesta transação, autoriza-se o débito de uma determinada quantidade de criptomoedas constantes no saldo da sua *wallet* e o crédito em uma outra carteira.

Vamos começar a desvendar, neste capítulo, o real funcionamento de uma blockchain. Contudo, para que, de fato, seja compreendido seu funcionamento, é necessário o entendimento do que são *hashes*.

Depois vamos destrinchar o que é uma transação, seus atributos e, logo em seguida, explicar o que é um bloco: o que dá origem ao nome *blockchain* (cadeia de blocos).

Hashes

Uma das maneiras mais simples e geniais de a blockchain atestar que a integridade das informações nela contidas não foi comprometida é a utilização de funções *hashes*.

É muito importante conhecer como se dá uma função *hash*, porque ela está presente em vários aspectos da blockchain, inclusive nas transações e nos blocos; e é peça-chave no processo de mineração. Entendendo como se dá uma função *hash*, praticamente se entende a blockchain. E não vamos fazer nenhuma conta matemática para isso.

Funções *hashes* trabalham da seguinte forma: recebem a *mensagem*, que é uma informação cujo tamanho é indeterminado; isto é, pode ser um texto de três linhas, uma imagem de alta resolução, um arquivo em MP3 ou um filme em resolução 4K; e transformam esse conjunto de bytes em um *resumo*, ou seja, em um conjunto de caracteres alfanuméricos de tamanho fixo.

Vamos pegar o texto abaixo como exemplo:

I do not fear computers. I fear lack of them. (Isaac Asimov)

Se esse texto for a mensagem que irá se transformar em um resumo através de uma função *hash* (mais precisamente, de um tipo de função *hash* chamada de SHA-2), o resultado sempre será este:

```
07767c48197126e637db2c39402efdcda0021b806628a2e2199
9582fa71cbc1f
```

Isso significa dizer que uma função *hash* é determinística: sempre que incluirmos a **mesma mensagem** será gerado um **mesmo resumo**, isto é, um mesmo *hash*. E isto serve para absolutamente qualquer tipo de mensagem (informação) submetida à função.

É fundamental notar que, se alterarmos qualquer letra, *byte* (conjunto de oito bits) ou *bit* (menor unidade de informação) da mensagem, por menor que seja essa alteração, é gerado um *hash* completamente distinto.

Trocando, na citação acima, o primeiro **ponto** por uma **vírgula**, a mensagem ficará visualmente bastante semelhante:

I do not fear computers, I fear lack of them. (Isaac Asimov)

Porém, se aplicarmos a função SHA-2 (SHA256), observe o resultado:

```
0222347428fd653d8e4d1a47da9277ca0a9efde196452ba9a55
6b4bdcd9d0c71
```

Note que não existe qualquer semelhança entre o primeiro *hash* gerado e o segundo, mesmo que a alteração tenha sido uma simples vírgula. Não há como correlacionar um *hash* com o outro. E, não sabendo qual tenha sido a mensagem, é virtualmente impossível identificar que esses dois *hashes* são oriundos de duas mensagens bastante semelhantes.

Ilustrando uma propriedade importante da função *hash*, vemos que, independente do tamanho da mensagem, sempre resultará em um resumo com a mesma quantidade de caracteres. Vamos ter como exemplo o texto a seguir, bem maior que a citação de Isaac Asimov:

All parts should go together without forcing. You must remember that the parts you are reassembling were disassembled by you. Therefore, if you can't get them together again, there must be a reason. By all means, do not use a hammer. (IBM Manual, 1925)

O *hash* gerado a partir da mensagem acima é o seguinte:

```
38ae32bca7571a18a05d1d6ef64defd00264efab0ce896188d0
ab133f26b6063
```

Contém a mesma quantidade de caracteres dos dois primeiros *hashes* apresentados (64 caracteres alfanuméricos). Porém, o tamanho da mensagem difere bastante.

E essa diferença do tamanho da mensagem pode ser muito maior. Um filme na resolução 4K pode chegar facilmente a 100GB. Lembrando que 1 gigabyte = 107.374.182.400 bytes. Para se ter um parâmetro, o terceiro texto apresentado (do manual da IBM) tem apenas 257 bytes. Para a função *hash*, não importa o tamanho da mensagem. Sempre serão gerados os mesmos 64 caracteres esperados.

Mais um aspecto importante dessa incrível função: transformar um conjunto de dados (*mensagem*) em um *hash* exige muito pouco de poder computacional. Não importa o tamanho da mensagem, se possui poucos bytes ou vários gigabytes, a transformação da *mensagem* em *resumo* é praticamente imediata, sem sobrecarregar qualquer computador, por mais modesta que seja sua configuração.

Porém, é extremamente difícil e computacionalmente impraticável, a partir de um *hash*, se chegar ao conjunto de dados que o originou. A função *hash* foi feita exatamente para isso: ser fácil de verificar a integridade de uma mesma informação derivando e comparando seu *hash*, mas ser virtualmente impossível deduzir a informação original a partir do *hash* gerado.

E isso é fácil de se demonstrar. Imagine o mesmo filme de 4K que já exemplificamos. São mais de 100 bilhões de bytes, gerando um resumo de apenas 480 bytes. De que forma, com apenas 480 bytes, podemos chegar a uma intrincada combinação de 100 bilhões de bytes? Só existe uma maneira: conhecendo a origem dos dados (a mensagem).

Rainbow tables

Apenas uma curiosidade complementar, visto que falamos ser impossível, a partir do *hash* (resumo), se chegar à mensagem.

Rainbow tables, ou tabelas arco-íris, são grandes tabelas com *hashes* pré-computados a partir de senhas conhecidas e vazadas. São utilizadas por hackers para identificação de senhas quando os mesmos têm acesso a bancos de dados com as credenciais a um determinado sistema criptografadas por funções *hashes* (e sem o uso de *saltos*).

Para manter a segurança dos usuários, as senhas dos usuários, antes de serem armazenadas no banco de dados, são transformadas em *hashes*. Dessa forma, mesmo que o banco de dados seja comprometido, os hackers não terão acesso às senhas em texto aberto.

Porém, muitos usuários utilizam senhas inseguras. Além disso, alguns sistemas extremamente mal configurados armazenam as senhas dos seus usuários em texto aberto ou com criptografia fraca. Quando isso acontece, são gerados grandes dicionários de senhas existentes e, a partir deles, são geradas as *rainbow tables*.

Por exemplo, umas das senhas menos seguras de todos os tempos e já vazadas inúmeras vezes é a seguinte:

```
123456
```

Essa senha de seis caracteres gera o seguinte *hash*:

```
8d969eef6ecad3c29a3a629280e686cf0c3f5d5a86aff3ca120
20c923adc6c92
```

Nas *rainbow tables*, duas informações estão contidas: a senha exposta e o seu *hash* equivalente.

Com isso, basta uma simples busca do *hash* na tabela arco-íris que se localiza uma senha fraca anteriormente utilizada, fazendo com que o hacker (tecnicamente o *cracker*) tenha acesso às credenciais do usuário.

Nos sistemas mais atuais e bem construídos, antes de aplicar a função *hash* e armazenar a senha, uma sequência arbitrária de caracteres é concatenada à senha do usuário, gerando um *hash* à prova de *rainbow tables*. Este processo chama-se *saltear* a senha antes de criptografá-la por uma função *hash*, adicionando mais uma importante camada de segurança no armazenamento de credenciais de usuários.

É importante conhecer o conceito de tabelas arco-íris porque é uma maneira eficaz de burlar as funções de *hash* e se chegar à mensagem sem ter que se submeter a um brutal esforço computacional para descobri-la.

Contudo, no caso da blockchain, mais precisamente no algoritmo de prova de trabalho, a utilização desse artifício não se aplica, pois o resumo gerado tem uma extrema probabilidade de ser único e inédito, não tendo possibilidade de ter sido vazado anteriormente e/ou pré-computado. Abordaremos isso com profundidade quando falarmos sobre mineração.

Transações

Podemos dizer que uma transação é uma ordem assinada criptograficamente e emitida à blockchain pelo detentor da carteira, autorizando a realização de um débito em detrimento de um crédito em outra carteira. Em outras palavras, transação é uma transferência monetária autorizada por criptografia.

Existem outros tipos de transação que não envolvem necessariamente uma transferência monetária. Por exemplo, quem assina a transação não informa valor nenhum a ser transferido nem uma carteira de destino, apenas querendo escrever uma informação na blockchain. A inclusão de um contrato inteligente (*smart contract*) na blockchain também é feita através de transações. Mas, neste momento, para fins didáticos, vamos assumir que a transação é uma transferência monetária autorizada pelo dono da carteira de origem (a *wallet* da qual o valor será debitado). Oportunamente, falaremos de outros tipos de transação.

Carteira de Origem

A primeira informação contida em uma transação é o endereço da carteira de origem, a qual foi autorizada, através da chave privada, a realizar a transação. O próprio protocolo da blockchain verifica se, na transferência monetária entre uma carteira e outra, a carteira de origem possui saldo, sendo essa uma operação elementar. Após a verificação, se o saldo for maior ou igual (contando com os custos de transação, com os quais lidaremos oportunamente) ao valor que se deseja transferir, o próprio protocolo ratificado pelo consenso da rede autoriza a transação. Lembrando que esse saldo está presente em cada nó (*node*) da blockchain, como já falamos.

A partir do endereço da carteira de origem, que é derivado de uma chave pública, é possível verificar se a transação realmente foi assinada pela chave privada do dono da carteira. Essa verificação é feita pela rede assim que é recebida a transação assinada.

Carteira de Destino

Outra informação fundamental é o endereço da carteira de destino na qual se deseja creditar o valor em criptomoedas. Lembrando que o dono da carteira de destino não precisa emitir nenhuma autorização para receber os créditos, da mesma forma que acontece nas contas correntes ordinárias em que, por padrão, qualquer tipo de transferência ou depósito é autorizado.

Valor da Transação

Valor da transação também é um dos atributos da transação e a explicação é bem óbvia: a quantidade de criptomoedas que será debitada da carteira de origem. Esse mesmo valor será creditado na carteira de destino.

Nonce da transação

Existe um elemento bastante importante na transação que evita o **gasto duplo**: um campo chamado de *nonce*. Simplificando, sem deixar de ser preciso, o *nonce* da transação é o índice da transação de uma determinada carteira de origem que determina sua ordem.

A origem da palavra *nonce* é *numeric once*. Em tradução livre: numeração única.

Por exemplo, ignorando as taxas de transação, supondo que em uma determinada carteira existam 0,010 Ethers (Ether, ou ETH, é o nome da criptomoeda *principal* da rede Ethereum); e que, de uma vez só, o dono da carteira deseje transferir 0,008 Ethers para oito carteiras diferentes (0,001 ETH para cada uma dessas carteiras); deverão ser geradas oito transações; e, em cada uma delas, gerados oito respectivos *nonces*, que, incrementalmente, irão de 1 a 8, indicando a ordem pela qual as transações serão realizadas.

Após essa transação, o proprietário da carteira de origem ficou com apenas 0,002 Ethers.

Supondo que ele tente transferir ETH 0,001 para mais três carteiras, necessariamente será atribuída a ordem das transferências de acordo com o *nonce*, que, neste caso, irá de 9 a 11.

As transações cujos *nonces* são 9 e 10 serão realizadas com sucesso, visto que ainda haverá saldo na carteira. Porém, a transação de *nonce* número 11 será rejeitada pela blockchain porque será identificado que, após as duas primeiras transações, a carteira ficará sem saldo suficiente. Isto é, o *nonce* foi responsável por arbitrar a ordem das transferências e identificar qual transação não pode ser realizada por falta de crédito.

Custos da Transação

Até agora, não levamos em consideração que, para que uma transação seja aceita pela rede, deve existir uma taxa a ser paga pelo proprietário da carteira de origem (a que gera a transação). O custo da transação existe para que os computadores que realizam o trabalho de mineração possam ser recompensados, utilizando a própria criptomoeda da rede. Isso faz sentido porque o processo de mineração tem um custo efetivo com a manutenção de um computador ligado durante todo o tempo e realizando constante trabalho computacional (cálculos), consumindo energia elétrica, além do valor do próprio hardware, link de internet, etc. Abordaremos com mais detalhes o conceito de mineração e prova de trabalho mais adiante.

Dessa forma, de acordo com o uso da rede, a taxa de transação apresenta um valor flutuante, podendo ter custos irrisórios ou um custo que, de tão alto, pode inviabilizar uma transação; caso o valor a ser transferido seja muito próximo ou até menor do que o valor da taxa de transação.

Essa flutuação e o valor da transação variam entre as blockchains, incluindo a lógica de como esse valor é arbitrado. Pode estar contido no próprio protocolo ou pode ser determinado pelos nós mineradores, na velha prática de oferta *versus* demanda.

O valor cobrado para realizar a transação também faz parte de seu conjunto de atributos e serve para registrar no próprio histórico quanto, de fato, foi debitado da carteira de origem, dado que a quantia subtraída foi o custo da transação somado ao valor transferido para outra carteira.

Note que este histórico faz com que o processo de auditoria seja perfeito, visto que todo registro de débitos de uma carteira, seja ele de valores transferidos e creditados em outra carteira ou das taxas de cada transação realizada, é armazenado no banco de dados eterno e imutável da blockchain. A já mencionada *contabilidade perfeita*.

Campo de anotação

Na transação, também é possível incluir anotações, que podem ser um texto informando, por exemplo, de que se trata aquela transferência. Geralmente é um campo livre que pode ser preenchido com qualquer informação, desde que esteja em hexadecimal.

Porém, esta informação em hexadecimal facilmente pode ser convertida em formato de texto legível (UTF-8, um tipo contemporâneo de codificação de caracteres; ou ASCII, um tipo mais clássico de codificação de texto).

Hash da Transação

Toda transação deve receber um identificador único. Este identificador é chamado de *hash* da transação. Cada blockchain apresenta uma maneira de gerar o seu *hash* da transação. Via de regra, esse *hash* é gerado a partir do conteúdo da própria transação somado a outras informações que garantem a exclusividade de geração do identificador. Como já se diz, esse identificador único é exclusivo para aquela transação e também fica armazenado no banco de dados da blockchain.

Número do Bloco

Uma blockchain, como o nome já diz, é uma cadeia de blocos interligados. Cada bloco contém um conjunto de transações e apresenta, também, um identificador único. A transação, em si, não tem como atributo o número do bloco; essa informação é herdada do bloco que foi minerado e que contém aquela transação. Em outras palavras: a transação não apresenta, dentre suas propriedades, o número do bloco, mas é fácil deduzi-lo, pois o bloco contém a transação.

Carimbo temporal

Outro elemento constante na lista de informações de uma transação é o carimbo temporal. Tecnicamente, essa informação de quando a transação foi realizada também é herdada do bloco onde um conjunto de transações está contido.

O carimbo temporal não é gerado no envio da transação pela carteira de origem, mas sim no momento de mineração do bloco, que é quando, de fato, os valores são debitados e creditados. É possível consultar data, hora, minuto e segundo de quando a transação foi minerada dentro do bloco.

Resumindo

Podemos resumir que os atributos constantes em uma transação são:

- **Carteira de origem**: endereço da carteira onde foi debitado o valor da transferência e as taxas de transação;
- **Carteira de destino**: endereço da carteira onde serão creditadas as criptomoedas;
- **Valor da transação**;

- *Nonce*: a ordem da transação da carteira de origem, a fim de evitar gasto duplo;
- **Custo da transação**: taxa cobrada pela rede para remunerar os mineradores;
- **Campo de anotação**: campo opcional contendo um texto arbitrário escrito pela dono da carteira de origem;
- *Hash* **da transação**: identificador único da transação;
- **Número do bloco**: informação que identifica o bloco no qual a transação foi minerada e do qual a transação é herdada;
- **Carimbo temporal**: outra informação constante no bloco, que informa data, hora, minuto e segundo em que o bloco foi minerado.

Blocos

Retornando um pouco ao conceito de livro-caixa (livro-razão), uma boa analogia é que um bloco na blockchain representa uma página desse tipo de livro. Uma página de um livro-razão contém várias transações e suas respectivas anotações. Além disso, toda página contém um número, o que acontece, da mesma forma, com os blocos. Dessa forma, podemos deduzir que um bloco agrupa um conjunto de transações.

Via de regra, podemos separar o bloco em dois grupos de informação: o cabeçalho do bloco e o conjunto de transações.

O conjunto de transações, como o próprio nome já diz, são as transações que foram mineradas e constam naquele bloco. As transações contidas no bloco carregam todos os seus atributos: carteiras de origem e destino, valor, etc.

O cabeçalho do bloco reúne uma série de informações: o número daquele bloco (sua *altura*), a informação da versão da blockchain no momento de sua mineração, o carimbo temporal (data e hora de quando o bloco foi minerado), *hash* do bloco anterior, *merkle*, *nonce* do bloco, *hash* do bloco.

Neste capítulo, vamos lidar com as informações contidas no cabeçalho do bloco. No entanto, *visitaremos* a lista das transações em busca da raiz Merkle, uma das informações constantes no cabeçalho. Antes, vamos falar sobre o tamanho do bloco.

É importante notar que tentaremos fazer uma mescla entre o comportamento da blockchain da Bitcoin e o da Ethereum, adiantando que não iremos avançar em detalhes muito técnicos e complexos. As informações, no entanto, serão relevantes o suficiente para o entendimento de como funciona a blockchain.

O funcionamento e a arquitetura de um bloco na rede Bitcoin, por exemplo, são muito menos complexos do que na Ethereum. Mas, de forma alguma se diminui o grau de segurança, confiabilidade e genialidade. Praticamente todas as blockchains tiveram a arquitetura do Bitcoin como paradigma para criação de suas próprias arquiteturas.

Já conversamos sobre *hashes* e agora vamos analisar a arquitetura de um bloco. Após isso, estaremos aptos a entender o que é mineração e toda a incrível inovação contida na blockchain que a tornou no mínimo revolucionária no que diz respeito à segurança e à disponibilidade desse banco de dados distribuído.

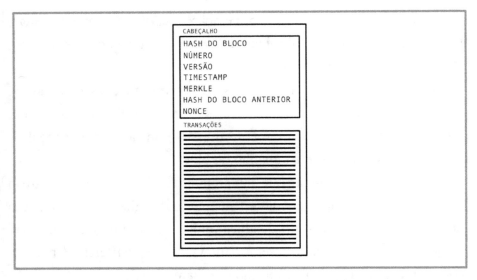

Representação simplificada de um bloco.

Tamanho de um Bloco

Quantas transações cabem em um único bloco? A resposta é sempre: depende. Isto porque o que limita o tamanho do bloco não é a quantidade de transações, mas o tamanho em bytes que o bloco aceita (Bitcoin) ou o poder computacional que ele vai exigir da blockchain (Ethereum).

Lembrando que uma transação pode conter diversas informações no campo de anotações. Existe, também, a possibilidade de uma carteira exigir mais de uma assinatura, aumentando um pouco o tamanho *padrão* de uma transação ordinária.

Outras informações, além das transações em si, também entram na contagem total de bytes do bloco. É o caso dos atributos do bloco. Da mesma forma que a transação carrega várias informações, além dos dados das carteiras de origem e de destino; e do valor transferido, o bloco também possui um conjunto de dados que ficam contidos no seu cabeçalho.

Atualmente, o tamanho do bloco do Bitcoin está limitado a 1.000.000 bytes (quase um 1MB, tecnicamente 1MiB). *Atualmente* porque, a depender da versão do protocolo do Bitcoin, esse número pode mudar. Por exemplo, em 2013, o bloco possuía apenas 125KB (aproximadamente 0,12MB).

Quanto maior o tamanho do bloco na rede Bitcoin, mais transações e informações ele comporta, fazendo com que o custo da transação fique menor. Porém, o aumento do tamanho do bloco tem que ser muito bem avaliado, já que, ao diminuir o valor das taxas, torna-se menos interessante economicamente minerar Bitcoin. Isso repercute em uma reação em cadeia que pode diminuir a quantidade de mineradores, fazer com que o preço do Bitcoin caia perante às moedas nacionais (fiduciárias, como Dólar, Euro, Real etc.) e o tempo de processamento dos blocos aumente - tudo isso a grosso modo, visto que é um assunto com certa complexidade técnica que não abordaremos aqui.

Já na Ethereum, o tamanho do bloco varia entre 20 e 30 KB ou algo em torno de 10 milhões de unidades de *gas*, medida de esforço computacional da rede Ethereum que será explicada *a posteriori*. Note que a abordagem é totalmente diferente da rede Bitcoin, que é orientada ao tamanho do bloco em si. Um dos grandes motivos para isso é que a rede Ethereum, além de ser uma blockchain, é uma enorme máquina virtual distribuída que opera como um supercomputador. Além de transações ordinárias, a rede aceita códigos de contratos inteligentes (*smart contracts*) que exigem processamento de toda os nós da blockchain. Falaremos sobre esse aspecto da rede Ethereum um pouco mais à frente.

Número ou altura do Bloco

Um bloco em uma blockchain deve ter um número indicando sua posição - como uma página em um livro-caixa. Dessa forma, sempre saberemos qual foi o bloco anterior e qual será o bloco posterior dessa *cadeia de blocos*.

Apesar de várias representações gráficas da blockchain apresentarem um bloco ao lado do outro, o Bitcoin utiliza uma terminologia diferente para indicar a posição do bloco: a *altura* do bloco determina o *andar* em que ele se localiza.

No caso da Ethereum, utiliza-se a terminologia *número do bloco*, o que parece fazer mais sentido visualmente.

O número ou altura do bloco é uma informação simples deduzida no momento da mineração, verificando o número (ou altura) do último bloco minerado na blockchain. Tal informação é apenas o incremento do número ou *altura* do bloco anterior.

Informação da Versão

A rede Bitcoin inclui no bloco a versão do protocolo em que ele foi minerado. Essa informação é bem específica e técnica, servindo para situar com qual versão do protocolo aquele bloco foi minerado.

Lembrando que o tamanho do bloco da rede Bitcoin vem aumentando e os aumentos são lançados em certas atualizações de versões. Fica fácil com essa informação fazer um paralelo do tamanho e da quantidade de informações contidas em um bloco com a versão em que ele foi minerado.

Isso é apenas um dos aspectos que podem ser analisados, tendo outros usos no caso de *forks* de códigos e operações que lidam em profundidade muito técnica e esporádica, não abordada neste livro.

A versão também indica qual foi o grau de dificuldade do desafio computacional exigido para encontrar o *nonce do bloco*. Essa informação é importante, porque, a depender da quantidade de *nodes* na rede, o tempo que se leva para resolver esse desafio computacional pode aumentar ou diminuir. Porém, o algoritmo, por padrão, detecta essa variação e ajusta a complexidade para que o tempo de mineração de um bloco seja sempre próximo de dez minutos - esse é o tempo *esperado*.

A informação do nível de dificuldade da época da mineração de certo bloco é armazenada no cabeçalho.

Carimbo temporal

Assim que o bloco é minerado, ele recebe um carimbo temporal informando data, hora, minuto e segundo em que isso aconteceu. Da mesma forma que outras informações, essa é uma informação imutável contida na blockchain.

Uma observação a respeito do carimbo temporal é que não pode ser atribuída uma hora exata na escala dos segundos, por exemplo. Isso porque, na maioria das blockchains públicas, o carimbo temporal não é necessariamente sincronizado com nenhum servidor de tempo por NTP (*Network Time Protocol*). Pode ocorrer variação de, no máximo, 70 minutos, visto que, caso algum nó esteja fora dessa tolerância, este nó deixa de fazer parte do consenso.

Na rede Bitcoin, esse *timestamp* corresponde à hora do início da mineração do pelo *node*, por exemplo.

Na maioria dos casos, a informação de carimbo temporal tem sua imprecisão na casa apenas dos segundos.

Prova de Existência

Um dos usos do carimbo temporal é poder, nas transações, guardar informações no campo específico e, com isso, gerar **prova de existência** daquela informação na blockchain.

Vamos imaginar um banco de dados de uma grande empresa que, toda noite, faz um backup dos seus dados e os deixa guardado em um servidor na nuvem, de forma compactada, com o seguinte nome:

```
backup-erp-2021-03-08-03-13-12.zip
```

O nome do arquivo possui uma concatenação de números que indica o ano, mês, dia, hora, minuto e segundo em que o arquivo foi gerado. Uma curiosidade: ao se nomear arquivos dessa forma, automaticamente, na lista dentro de um diretório, eles serão facilmente ordenados alfabeticamente, ao contrário do que aconteceria se a data fosse descrita na ordem convencional.

Voltando ao exemplo.

Vamos imaginar que esse banco de dados apresente diversas informações confidenciais e financeiras de grande relevância que não podem, de forma nenhuma, ser manipuladas. E, caso sejam alteradas, devem ser facilmente verificadas, sem a necessidade de analisar milhões de linhas de lançamentos.

Uma das formas de garantir isso é registrar o *hash* deste arquivo na blockchain. Por que não registrar todo o conteúdo do arquivo na blockchain? Primeiro, devemos ter em mente o tamanho do bloco. Depois temos que entender que um backup de uma base de dados ocupa um espaço muito grande: vários gigabytes, podendo chegar a terabytes (ou até mesmo petabytes!), o que inviabiliza completamente o armazenamento desses dados na blockchain.

Ao gerarmos o *hash* desse arquivo e incluí-lo no campo de anotação de uma transação, podemos cristalizar que, naquele dia e hora, o resumo das informações contidas naquele arquivo, representadas por essa *hash*, foi armazenado na blockchain.

Caso alguém tenha acesso a esse arquivo e o recupere, altere suas informações e o salve sobrescrevendo o original, quando o mesmo arquivo alterado passar pela verificação do *hash* com o *hash* do arquivo original que está na blockchain, será identificada uma quebra de integridade, pois, como já vimos, a alteração de um simples byte altera completamente o *hash*; e não é possível alterar uma informação incluída e minerada na blockchain.

Prova de precedência

Outro uso interessante para essa *feature* da blockchain é a geração de prova de procedência muito utilizada na indústria criativa.

Supondo que um escritor queira salvaguardar o direito autoral de um livro que está escrevendo antes de enviar a uma editora, revisor ou tradutor, por exemplo; tal escritor poderia, através dos métodos convencionais, fazer o registro formal da obra. Porém, para isso, é muito mais prático que ele se utilize da blockchain.

Nesse caso, basta gerar um PDF contendo a obra e informações da autoria da mesma, derivar, desse arquivo, o *hash* e registrá-lo no campo de informação da transação.

Caso alguém intercepte o livro e o publique com o nome de outro autor, será elementar provar, em juízo, que o livro fora registrado anteriormente no nome do verdadeiro autor. Para isso, basta apresentar o número do bloco e a transação que contém o *hash* daquele PDF original.

Um perito judicial pode atestar facilmente que aquele arquivo, na estrutura conforme apresentada nos autos, com indicação do autor original e reclamante, havia sido registrado em momento anterior à publicação do livro ou da declaração do falso autor.

Isso se chama *prova de precedência* e é amplamente utilizada na salvaguarda de direito autoral.

Alguns serviços já se utilizam da blockchain para esse registro. No Brasil, a CBL (Câmara Brasileira do Livro), instituição responsável pela Bienal do Livro de São Paulo e do Prêmio Jabuti de Literatura, faz uso dessa inovação, fazendo com que os autores não precisem comprar criptomoedas ou realizar transações. Abstraindo toda a camada tecnológica, a CBL oferece aos usuários da sua plataforma os benefícios do uso da blockchain para assegurar direitos autorais.

Conjunto de Transações

Já sabemos que o bloco é um agrupador de transações e que estas não poderiam deixar de compor um dos itens do bloco. O grupo de transações, na verdade, é a parte do bloco que contém as transferências entre carteiras; as anotações de prova de existência e prova de precedência; e o registro dos contratos inteligentes.

As transações e todos os seus atributos (*hash* da transação, carteira de origem e destino, valor, campo de anotação, custo da transação etc.) estão contidos no bloco e são partes integrantes e indissociáveis dele.

Muitas vezes, o bloco possui muitas dezenas de transações, cada uma com suas várias propriedades. Como já dito, e de maneira simplificada, o bloco divide-se em duas partes: o cabeçalho e o conjunto de transações. Porém, no cabeçalho, existe um atributo que resume todas as transações constantes naquele bloco: o *merkle*.

Merkle

Merkle é um resumo na forma de *hash* de todas as informações contidas no conjunto de transações, respeitando sua ordem. Lembrando um pouco do conceito de *hash*, em que a informação a ser processada é a *mensagem* e o resultado é o *resumo*, a mensagem, nesse caso, são todos os *hashes* das transações que já foram derivados de todos os seus atributos, gerando esse identificador único, também em forma de *hash*, através de seu resumo.

Porém, como todos os aspectos da blockchain, o atributo *Merkle* tem uma boa razão de existir. Para poder explicar, é necessário aprofundar um pouco e vislumbrar toda a riqueza técnica existente nesta simples propriedade.

Árvore e Raiz Merkle

Esse é outro elemento da blockchain que teve sua criação bem antes das primeiras transações serem registradas na rede Bitcoin.

Ralph Merkle, em 1979, publicou um *paper* na Universidade de Stanford criando um processo de verificação e integridade de dados que permitia que computadores fizessem essa operação de uma maneira muito mais simples, rápida e principalmente eficiente.

Esse princípio tornou-se, inclusive, um dos fundamentos de segurança da blockchain.

Para ilustrar, vamos supor que, em nossa blockchain de exemplo, um bloco suporte apenas oito transações. Essas transações possuem, cada uma, oito respectivos *hashes* que representaremos através das letras A, B, C, D, E, F, G, H.

O conceito de árvore Merkle agrupará em pares os *hashes* dessas transações e, a partir dela, gerará um *hash* distinto. Exemplo:

- Concatenação dos *hashes* das transações A e B geram um novo *hash* AB;
- Concatenação dos *hashes* das transações C e D geram um novo *hash* CD;
- Concatenação dos *hashes* das transações E e F geram um novo *hash* EF;
- Concatenação dos *hashes* das transações G e H geram um novo *hash* GH.

Com essas novas informações, é gerada mais uma rodada até que cheguemos na raiz Merkle, que conterá apenas um *hash*. Continuando:

- Os *hashes* AB e CD geram um novo *hash* ABCD;
- Os *hashes* EF e GH geram um novo *hash* EFGH.

Dessa forma faltaria apenas um passo:

- Os *hashes* ABCD e EFGH geram um *hash* ABCDEFGH.

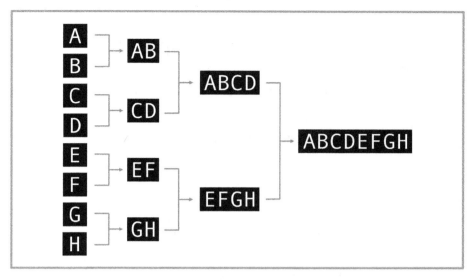

Representação gráfica da arquitetura de uma árvore Merkle.

E quais os benefícios da geração desse *hash* raiz a partir do processamento da árvore Merkle?

- Qualquer mínima alteração em qualquer atributo de uma transação invalidaria completamente a raiz Merkle `ABCDEFGH`;
- É uma forma computacionalmente muito econômica de se verificar e validar a integridade das informações;
- Reduz significativamente a quantidade e o tamanho de informações processadas para se chegar à validação;
- Além disso, garante a ordem pela qual as transações foram realizadas dentro do bloco.

Vamos recapitular algumas informações para entendermos a sagacidade dessa solução:

- Vimos que o *hash* de uma transação é gerado a partir de todos os seus atributos (carteira de origem e destino, valor, informações etc.);
- O *hash* é utilizado para, ao concatenar (unir-se) com o *hash* de outra transação, gerar um terceiro *hash*;
- Desse encadeamento de geração de *hashes* pareados, chega-se a uma raiz *hash*, que é armazenada no bloco (a propriedade *merkle*);
- Caso algum nó da rede blockchain tente alterar qualquer valor de qualquer atributo de qualquer transação desse bloco, será gerada uma reação em cadeia que invalidará o *hash* raiz; a rede não entrará em consenso com esse nó, que será ignorado e desconectado dela;
- Caso algum nó da rede blockchain tente alterar a ordem das transações, alternando, por exemplo, as transações A e B, rapidamente será identificada a falta de integridade do *hash* raiz, visto que ABCDEFGH é diferente de BACDEFGH.

Dessa forma, um identificador único garante tanto a ordem quanto a integridade das informações das transações.

Uma última informação para os mais curiosos: caso o bloco possua um número ímpar de transações, a última transação é duplicada. Não resultará em nenhuma perda de integridade, pois a ordem das transações e os dados contidos nela continuarão a ser garantidos.

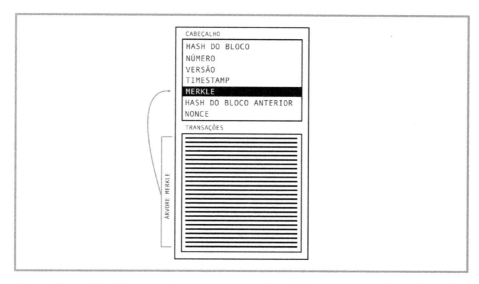

O atributo Merkle contém um resumo das informações e da ordem das transações.

Hash do Bloco Anterior

Uma informação fundamental presente nos blocos é o *hash* das informações do bloco anterior. Esse é o elemento que confere o aspecto de encadeamento dos blocos e, como já conhecemos bem o conceito de *hashes*, será elementar o entendimento.

Da mesma forma que o atributo *merkle* é um resumo das transações contidas em um bloco, o *hash* do bloco anterior é precisamente a mesma coisa: todas as informações contidas no cabeçalho do bloco imediatamente precedente ao bloco corrente são resumidas na forma de um *hash*.

Neste momento, já podemos construir algumas conclusões e incitar alguns exercícios. Vamos supor que o bloco mais recente de uma determinada blockchain é o de número 99 e que ele foi devidamente minerado. Caso pudéssemos alterar o valor de uma transação do bloco 97, por exemplo, o que iria acontecer:

- O *hash* da transação seria alterado, visto que ele é gerado a partir dos dados da própria transação;
- O valor do atributo *merkle*, com isso, também seria alterado, pois, como sabemos, a alteração da menor informação possível muda completamente um *hash* resultante. A raiz Merkle gerada a partir do conjunto dessas transações seria diferente da que já consta no cabeçalho do bloco 97;
- O atributo *hash do bloco anterior* do bloco 98, supondo que pudéssemos atualizar o atributo *merkle* do cabeçalho do bloco 97, seria alterado, visto que as informações constantes no cabeçalho desse bloco teriam sido atualizadas;
- Dessa forma, o atributo *hash do bloco anterior* do bloco 99 também seria alterado, pelo mesmo motivo: o cabeçalho do bloco anterior teria sido alterado.

O que vemos aqui é uma reação em cadeia a partir de uma simples alteração de um valor de uma transação em dois blocos anteriores ao estado atual da blockchain. Dessa forma, fica mais claro o motivo do nome desta tecnologia, visto que são blocos encadeados a partir das informações transformadas em *hashes* dos cabeçalhos dos blocos anteriores, os quais contêm, por sua vez, o *hash* das transações de seus respectivos blocos.

Se combinarmos esse conceito com o princípio de *consenso* que o protocolo da blockchain utiliza, fica claro, fácil e rápido saber qual *node* da rede estaria, por exemplo, tentando burlar as informações do banco de dados de blocos, visto que, caso esse *node* tentasse alterar uma mínima informação de uma transação de um determinado bloco já minerado, haveria uma reação em cadeia que invalidaria a informação presente nos demais blocos.

Esse comportamento já atribui uma forte camada de segurança às informações da blockchain. Porém, a camada mais consistente de segurança presente nessa tecnologia é o *nonce* do bloco, assunto que veremos em seguida.

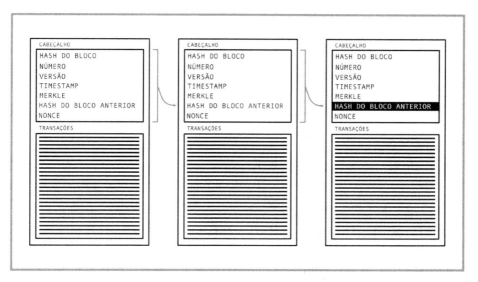

O encadeamento de blocos a partir de geração do resumo do bloco anterior e inclusão no bloco posterior.

Nonce do bloco

Já falamos sobre *nonce* antes, mas do *nonce* da transação, aquela propriedade que confere uma ordem às transações oriundas de uma determinada carteira a fim de evitar gastos duplos.

Apesar de o nome ser igual, este *nonce* tem um propósito completamente distinto do *nonce* da transação. O *nonce do bloco* é um número inteiro que representa a resposta de um grande desafio computacional. *Grande* porque exigiu um esforço computacional considerável traduzido em milhões e milhões de cálculos (tentativas).

Este é o princípio da mineração: da mesma forma que, para se extrair minerais em um processo de mineração convencional é necessário um enorme esforço físico, com a escavação de enormes minas, mobilização de grande mão de obra, utilização de maquinários pesados; a mineração da blockchain, de maneira digital e matemática, exige dos seus mineradores, os computadores que compõem a rede, um esforço computacional gigantesco e um gasto de energia elétrica considerável na busca desse simples número inteiro chamado de *nonce*.

E para entendermos como esse número é encontrado, vamos, mais uma vez, falar de *hashes*.

Para que o *nonce* seja preenchido e incluído no cabeçalho do bloco, o protocolo da blockchain lança um desafio para os *nodes* mineradores. Como já falamos, o nível de esforço desse desafio pode variar a partir da quantidade de computadores ativos minerando na rede: quanto mais mineradores, mais complexo é o desafio.

O nível de complexidade desse desafio vai depender de em qual versão o protocolo se encontra, informação esta que também é uma das propriedades do cabeçalho do bloco.

De uma maneira simplificada, mas muito próxima à realidade, vamos demonstrar o desafio entregue aos mineradores pelo protocolo da blockchain:

A primeira ação é gerar um *hash* a partir de parte dos atributos do cabeçalho: altura do bloco (número do bloco), versão, *hash* do bloco anterior, carimbo temporal e *merkle*. Os atributos *hash do bloco* e *nonce do bloco* não entram nesse *hash* porque são exatamente as propriedades que o desafio propõe encontrar.

Com o *hash* de parte das informações do cabeçalho gerado, hora do próximo passo: após o último caracter desse *hash*, **concatena-**

se um número inteiro qualquer. Concatenar é acrescentar, unir, incluir este número inteiro após o último caractere do *hash*.

O terceiro passo é gerar um novo *hash* a partir da concatenação do *hash* das informações contidas no cabeçalho com o número inteiro.

Caso o *hash* resultante dessa concatenação possua **uma sequência de vinte zeros no início**, o desafio foi completado e o *nonce*, que é aquele número inteiro concatenado ao final do *hash* gerado a partir de parte das informações do cabeçalho, foi encontrado. O *hash* encontrado é o *hash do bloco* e deverá ser incluído no cabeçalho junto com o *nonce* do bloco, comprovando e concluindo a mineração.

Caso o *hash* resultante não atenda a esses critérios (gerar um novo *hash* com uma sequência de vinte zeros no início), é necessário testar com outro número inteiro, gerar um novo *hash* e verificar novamente se, dessa vez, foi gerado um novo *hash* com vinte zeros como primeiros dígitos.

É preciso continuar a gerar, em um processo de tentativa e erro, com vários números inteiros, até se chegar na condição dos vinte zeros como primeiros dígitos. Esse é o desafio.

Simples, não? **Nada simples** e vamos demonstrar o porquê.

Vamos supor que o *hash* gerado a partir de parte do cabeçalho do bloco seja o seguinte:

```
aa4bb8ed8e7a65d11501251b1687a93578d17b810cee913c262
c31e89682682d
```

Vamos concatenar o número 1 ao final desse *hash*:

```
aa4bb8ed8e7a65d11501251b1687a93578d17b810cee913c262
c31e89682682d1
```

Note o número 1 logo após a letra d, ao final. Vamos gerar um novo *hash*, aplicando a mesma função SHA256:

```
7a9bbf9fc629617d0309bc322dabe3110a71f5c0f44c1bfae8e
4bf0a80d017c4
```

Esse novo *hash* gerado **não satisfaz o desafio**, isto é, os vinte primeiro dígitos não são uma sequência de vinte zeros. Vamos concatenar o *hash* do cabeçalho com outro número inteiro, o 2, resultando nessa sequência aqui:

```
aa4bb8ed8e7a65d11501251b1687a93578d17b810cee913c262
c31e89682682d2
```

Note o número 2 logo após a letra d, ao final.

Novamente, a partir dessa sequência, vamos gerar um *hash*:

```
bb11a44fcb5391f0009f86536ebf7066bfbce786714c5eb7204
090adbe4d1382
```

Pois é, nem com o número 1 nem com o número 2, concatenados ao final do *hash* gerado a partir de parte dos atributos do cabeçalho do bloco, conseguimos um novo *hash* com vinte zeros nas primeiras posições.

É preciso continuar indo atrás desse número, pois ele é o *nonce do bloco* e precisa estar contido no cabeçalho junto com o *hash do bloco*, que nada mais é do que o *hash* obtido entre a concatenação do *hash* das informações do cabeçalho com o *nonce* válido.

Para nos ajudar e adiantar o trabalho, elaborei um simples programa de computador para me auxiliar a realizar esse desafio e tentar demonstrar didaticamente o quanto é difícil chegar ao número desejado, mesmo utilizando um computador para nos auxiliar.

As instruções contidas neste programa são as mesmas do desafio: ir testando o *nonce* da mesma maneira que fiz acima: começando com o número 1 e, no caso de o *hash* gerado não atender ao desafio proposto, incrementar o número e tentar novamente.

Para não correr o risco de o computador calcular indefinidamente em busca do *hash*, limitei a quantidade de tentativas a 100 milhões. Isto é, caso o computador tente 100 milhões de vezes e não consiga resolver o desafio, encerrar-se a execução do programa.

Para demonstrar a dificuldade em resolver esse desafio, fiz com que ele fosse o mais fácil possível e fui avançando em seu grau de dificuldade pouco a pouco.

Para deixar o desafio o mais simples possível, ao invés de uma sequência de 20 zeros, o novo desafio, bem mais fácil, foi encontrar um novo *hash* com **apenas um zero** como caractere inicial.

O computador, um MacBook Pro de 2017, levou apenas 0,0001 segundos para concluir o desafio e o número achado foi 21. Isto é, em 21 tentativas, ele conseguiu achar o resultado. O *hash do bloco* gerado foi o seguinte:

```
08ee17deb862d547ecc4d659921f672c982929ddd03eb580fe5
                ca45ccfb1f054
```

Note que o *hash* acima possui como seu primeiro caractere um zero.

Aumentei a dificuldade de um para cinco zeros e rodei mais uma vez o programa. Dessa vez, o computador levou 2,64 segundos, aumento bastante considerável no tempo para cumprir o desafio. O *nonce* encontrado foi: 2433987; isto é, foram necessárias quase dois milhões e meio de tentativas para se encontrar o *hash do bloco* com cinco zeros na frente:

000008694ba3aa376b70e2d79b3d94813e2e8b6f7320c3e75ae
ada13cc01e5ae

De cinco zeros, aumentei a dificuldade para seis. Após mais de 24 segundos e mais de 24 milhões de tentativas foi encontrando o *nonce* 24229627 e o seguinte *hash*:

0000006077e291b87405987b170b6c01eccdfdc630d43e935a9
2f4933180c96a

Aumentei a dificuldade: sete zeros. Após 103 segundos e 100 milhões de tentativas, o programa encerrou, informando que não conseguiu encontrar o *nonce*.

À medida que vamos aumentando a quantidade de zeros vai ficando muito mais difícil para o computador resolver o desafio. E o grau de dificuldade não aumenta em progressão linear, mas, sim, geometricamente. Isto é, a dificuldade para se achar um *hash* com quatro zeros não é o dobro para se achar com dois zeros.

Para demonstrar isso, fui aumentando a dificuldade, partindo de um zero até sete, e levantei os seguintes resultados:

1. Um zero de dificuldade: 0,0001 segundos, 21 tentativas;
2. Dois zeros de dificuldade: os mesmos 0,0001 segundos, porém com 48 tentativas;

3. Três zeros de dificuldade: 0,0005 segundos, 501 tentativas;
4. Quatro zeros de dificuldade: 0,1464 segundos, 123.135 tentativas;
5. Cinco zeros de dificuldade: 2,6496 segundos, 2.433.987 de tentativas;
6. Seis zeros de dificuldade: mais de 24 segundos e 24.229.627 de tentativas;
7. Sete zeros de dificuldade: após 103 segundos e 100 milhões de tentativas, não conseguiu achar o *nonce do bloco*.

Caso a dificuldade fosse a mesma da blockchain, com 20 zeros, muito provavelmente o computador poderia levar dias ou semanas até achar esse resultado.

Daí temos o conceito de mineração: computadores conectados à rede da blockchain calculando milhões, bilhões de vezes em busca desse tal de *nonce*.

Vamos tratar de mineração em um capítulo próprio deste livro. Por ora, vamos voltar à utilidade do *nonce*.

Depois desse grande esforço, algum computador da rede vai conseguir achar esse número e informar este feito a todos os outros participantes.

Note que, apesar de ser extremamente complicado achar o *nonce*, é muito fácil verificá-lo: basta o minerador sortudo (que teve a sorte de encontrar o nonce antes do que todos os outros *nodes*) informar o número à rede e o *hash do bloco* encontrado e todos os demais computadores concatenam o número ao *hash* de parte das informações do cabeçalho. Com isso, os estes computadores confirmam quase que imediatamente: sim, realmente o *nonce* foi achado pelo tal minerador sortudo antes de qualquer outro.

Dessa forma, o número é inserido no atributo *nonce* do bloco, o *hash* à propriedade *hash do bloco* e o bloco é fechado, minerado, não podendo ser mais alterado.

Agora, vamos pensar um pouco na importância e no grau de segurança que esse simples número inteiro confere à toda a blockchain, recapitulando um pouco para melhorar o entendimento.

No cabeçalho do bloco existe o resumo de duas informações importantes. Uma lida especificamente de informações daquele bloco: o *merkle*, que resume em forma de *hash* as informações e a ordem das transações daquele bloco. A outra lida com o resumo de todas as informações contidas no cabeçalho do bloco anterior, o *hash do bloco anterior*.

Essas duas informações, junto com o número (altura) do bloco, versão e carimbo temporal foram utilizadas para gerar o *hash* o qual foi sendo concatenado pelos *nodes* da rede com milhões, bilhões de números inteiros até se resolver o desafio proposto; encontrando-se, assim, o *nonce do bloco* e o *hash do bloco*.

Então podemos dizer que o *hash do bloco* contém, além do resultado do desafio, informações relativas àquele bloco (*merkle*) e informações relativas ao bloco anterior (*hash do bloco anterior*), visto que essas duas informações foram utilizadas para se chegar ao seu resultado.

Caso algum *node* tente alterar a informação de qualquer uma das transações contidas naquele bloco ou até mesmo sua ordem, o valor *merkle* já será diferente, invalidando automática e completamente tanto o *nonce do bloco* quanto o *hash do bloco*.

Para isso, esse *node* mal intencionado terá que realizar o mesmo desafio em busca do *nonce do bloco*, uma vez que o que está ali informado já não serve mais, pois, concatenado ao novo *hash* formado a partir das informações do cabeçalho, as quais contém o valor do *merkle* diferente, seria gerado um resultado diferente.

Enquanto este *node* estivesse calculando o novo *nonce*; e, porventura, tendo a sorte de achar o *nonce* em um tempo razoável, o processo teria de ser repetido no bloco posterior, considerando que, em relação a este bloco posterior, o atributo *hash do bloco anterior* seria diferente e inválido, já que tanto o *merkle*, o *nonce do bloco* e o *hash do bloco* são outros.

Daí, o *node* mal intencionado teria que, mais uma vez, realizar o desafio de buscar o novo *nonce* e assim consecutivamente.

Já sabemos o quão complicado e demorado é a descoberta do nosso número arbitrário dentro de uma rede com milhares de computadores. Em termos práticos: milhares de computadores na rede Bitcoin levam em torno de dez minutos para achar o *nonce*. Imagine em quanto tempo apenas um nó dessa rede levaria para achar, solitariamente, esse número. E, quando achasse, outros blocos na sua frente já teriam sido minerados e o nó teria que repetir o processo diversas vezes para estar em sincronia com toda a rede.

Desta forma podemos concluir que é computacionalmente impossível modificar dados da blockchain porque o esforço e o tempo exigidos são impraticáveis.

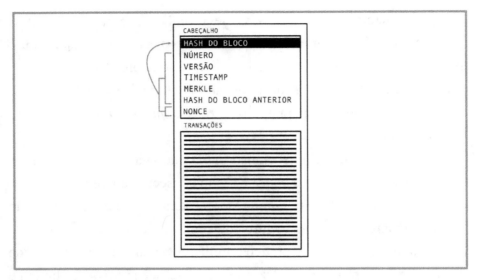

O hash do bloco é gerado a partir da concatenação das propriedades do cabeçalho com o nonce gerado na resolução do desafio.

Ciclo de Vida de uma Transação

Com o conhecimento que adquirimos até aqui, já é possível entendermos o ciclo de vida de uma transação na blockchain. Quando falamos *ciclo de vida* queremos responder à seguinte pergunta: quais são os passos aos quais uma transação obedece, desde seu envio à blockchain até sua mineração no bloco? Ou, na perspectiva do usuário, do momento em que ele decide fazer um pagamento a uma pessoa até o crédito estar disponível na carteira desta pessoa.

Trataremos do ciclo de vida à luz da blockchain da Bitcoin. Complementaremos, oportunamente, como funciona na rede Ethereum, considerando que esta rede e aquela são semelhantes até um limite bem definido: o poder computacional necessário para realizar a transação. Isto porque a Ethereum também se comporta como um *computador distribuído*.

Em relação à Bitcoin, quando um dono de uma carteira que possui algum saldo decide transferir certo valor para outra carteira, na perspectiva do usuário, os passos são muito simples. O usuário que vai enviar o valor é chamado de *sender*, ou remetente (dos recursos). O *sender* cola ou digita no seu app ou website o endereço da carteira do *receiver* (destinatário). Ele também pode ter a opção de escanear um QR Code com este endereço. De posse desse endereço, o *sender* digita o valor a ser transferido e clica em enviar.

Presumimos que, até chegar neste ponto, o *sender* já tenha se credenciado e o app já possua a chave primária da carteira dele. Outro fator a considerar é que, além do valor da transferência, é necessário também possuir saldo suficiente para pagar a taxa da transação. A maioria dos apps já faz um cálculo aproximado do valor da taxa que será aplicada.

Tendo tudo isso validado, o app envia a transação à blockchain.

A blockchain do Bitcoin leva aproximadamente 10 minutos para minerar um bloco. Esse é o tempo mínimo de espera do crédito na carteira do destinatário. Porém, em muitos casos, os próprios apps de *wallet* e as corretoras (*exchanges*) que disponibilizam seus endereços de carteira não confirmam o crédito nesse tempo. O motivo disso é que existe uma ínfima possibilidade de o mesmo minerador conseguir minerar os blocos seguintes e, caso este minerador seja *mal intencionado*, ele pode, a grosso modo, desfazer a transação ou modificá-la.

Essa possibilidade, apesar de remota, é considerada pelos apps e corretoras, que aguardam a mineração de, pelo menos, alguns blocos à frente antes de confirmar a transação. Sabemos que a mineração de cada bloco leva 10 minutos. Dessa forma, a depender da corretora ou app de carteira, a transação pode levar até mais de uma hora para ser confirmada. Os usuários mais ansiosos sofrem bastante com esse *limbo* quando os recursos ficam debitados da carteira do remetente e ainda não creditados na carteira do destinatário.

O que acontece debaixo dos panos é um pouco mais interessante. Quando o remetente envia a transação, na verdade, ele está criando um objeto com todas as informações necessárias para que a transação seja enviada ao *MemPool* (*memory pool*, algo como uma piscina, tanque de memória, em tradução livre), espaço no qual as transações assinadas com a chave primária das carteiras dos respectivos remetentes são enviadas antes de serem escolhidas pelos mineradores.

Antes mesmo de essa transação ser enviada, a rede verifica se a chave utilizada para assinar a transação realmente pertence àquela carteira e se o saldo da carteira possui recursos suficientes para a transferência dos recursos e para a taxa de transação. Cumpridas essas exigências, a transação é autorizada a seguir para o *MemPool*.

As transações que estão nesse tanque, cheio de outras transações igualmente assinadas e validadas, são escolhidas pelos mineradores com base no valor de cada transferência: as transações que lidam com transferência de valores maiores são escolhidas primeiro, até atingirem o limite do tamanho do bloco. As demais continuam no *MemPool* aguardando minerações posteriores. Isso faz com que transações com valores muito pequenos sejam preteridas no algoritmo de mineração.

A transação, sendo escolhida, é reunida com outras até o limite do tamanho do bloco e o processo de mineração se inicia. Os mineradores, conhecendo o bloco, começam a ir atrás do *nonce do bloco* a fim de achar o *hash do bloco*, que demonstra que ele chegou à resposta do desafio.

Quando o desafio é resolvido, geralmente no intervalo de 10 minutos, o tempo desejado pelo protocolo, o minerador preenche o cabeçalho do bloco com os valores das duas propriedades faltantes (*nonce* e *hash*) e apresenta à rede. A rede valida rapidamente que aquele minerador realmente resolveu o desafio, fecha o bloco e propaga essa informação para todos os *nodes* da blockchain.

Respeitando a máxima de que quanto mais blocos minerados à frente mais segura estará a transação, visto que a cada bloco fechado a probabilidade de modificação de um bloco já minerado cai drasticamente, a transação pode ser interpretada como segura quatro, cinco ou seis blocos à frente.

Bloco Gênesis

Já sabemos que um bloco carrega informações do bloco anterior em forma de *hash*, tornando a blockchain, assim, totalmente encadeada, fazendo com que uma alteração em determinado bloco implique uma reação em cadeia nos blocos posteriores. Mas e o primeiro bloco, qual informação ele carrega?

O primeiro bloco de uma blockchain é chamado de *bloco gênesis*, que, como o nome já diz, reflete o nascimento daquela blockchain. A forma de construção deste bloco é diferente dos demais blocos e sua construção e suas informações são digitadas diretamente no código-fonte do protocolo (*hard coded*).

No bloco gênesis da Bitcoin, escrito por Satoshi Nakamoto, seu *criador*, a informação relativa ao bloco anterior é uma sequência de 64 zeros, já que não há bloco anterior.

No código-fonte do protocolo foi incluída uma regra arbitrária: caso o banco de dados de blocos esteja vazio, cria-se o bloco gênesis e se inicia a blockchain. Nesse bloco gênesis, há a criação de 50 unidades de Bitcoin, as quais foram creditadas em uma carteira específica. Acontece que, muito particularmente, esses 50 créditos não podem ser gastos, por uma regra da própria blockchain.

Algumas outras curiosidades: só existe uma transação no bloco gênesis, que é essa recompensa de BTC 50 para a carteira cujo início é 1A1z... e que não pode ser gasta. Essa carteira pode receber créditos de outras carteiras normalmente (inclusive, já recebeu). Porém, como já dito, ela não pode gastar os 50 Bitcoins transferidos pelo bloco gênesis. Também não se sabe se Satoshi Nakamoto possui a chave privada dessa carteira.

No campo *coinbase*, que pode conter qualquer texto, foi incluído uma manchete do jornal The Times:

The Times 03/Jan/2009 Chancellor on brink of second bailout for banks

O bloco foi criado em 3 de janeiro de 2009, às 18:15:05 GMT, pouco tempo após a crise econômica mundial de 2008. Rumores indicam que essa informação está no bloco para provar que não houve nenhuma pré-mineração anterior, já que a manchete do jornal contida no bloco gênesis coincide com a data do próprio bloco, gerando prova de existência, conceito que já vimos por aqui.

A partir daí, os próximos blocos da blockchain foram criados através do processo normal de mineração, utilizando o mecanismo de consenso de prova de trabalho, do qual falaremos em seguida.

Mineração

Neste capítulo, vamos conversar a respeito da mineração dos blocos e suas particularidades. Vamos falar sobre quem são os mineradores e o que é *prova de trabalho* (*proof of work*, ou PoW).

Pretendemos abordar um tema controverso: o fato de a mineração de dados não ser uma atividade sustentável no que diz respeito à utilização de recursos naturais, como energia elétrica.

Abordaremos uma vulnerabilidade conhecida da blockchain, mais particularmente das redes com poucos *nodes*, que são os *ataques de 51%*, que ferem um dos pilares fundamentais: o consenso.

Por fim, vamos apresentar outro estilo de mineração de dados em contraponto à prova de trabalho: *proof of stake*, que está sendo implementado, aos poucos, na Ethereum Network. Estilo difícil de traduzir, mas fácil de entender.

Nem todo *node* na rede blockchain necessariamente é um minerador. Por isso, vamos revisitar e ampliar o conceito de *node* e entender que podem existir vários tipos de participantes na rede.

Full nodes e pruned nodes

Começando pelos *full nodes*: estes são os maiores responsáveis por garantir que as regras de consenso da rede funcionem a contento.

Eles fazem o download completo da blockchain e verificam cada bloco e transação, auditando tudo aquilo que já vimos anteriormente: se o *hash* das transações confere com suas informações, se o *merkle* condiz com os valores e a ordem das transações, se o *nonce* junto com as informações do cabeçalho realmente geram o *hash do bloco* e se o *hash do bloco anterior* é realmente o resumo das informações do cabeçalho do bloco imediatamente anterior ao auditado.

Os *full nodes* também verificam e atestam que o *node* sortudo encontrou o *nonce do bloco* e conseguiu minerá-lo, gerando o *hash* que comprova o trabalho executado e a resposta ao desafio do protocolo.

O tipo de nó em questão é o mais indicado para aqueles que desejam fazer transações na blockchain, pois carregam um conjunto de vantagens importantes em detrimento dos outros tipos de *nodes*.

A mais importante dessas características é a segurança, já que os próprios *full nodes* verificaram e verificam toda a blockchain; e, com isso, certificam-se de que está operando realmente na rede que deseja fazer suas transações financeiras de acordo com o protocolo e o consenso.

Outro aspecto interessante é que um *full node* trabalha de uma maneira totalmente privativa. Quando um *node* não possui toda a blockchain, como é o caso dos *pruned nodes*, é natural que este pergunte a um *full node* informações de outras carteiras. Ao fazer esta consulta, o nó necessariamente indica que está fazendo operações com esta ou aquela carteira, sendo uma maneira relativamente fácil de identificar que aquele cliente opera para um determinado conjunto de carteiras.

Neste aspecto, os *full nodes*, por possuírem toda a blockchain, são autossuficientes, não fazendo qualquer consulta externa a outros *nodes* na hora de, por exemplo, construir uma transação, porque os próprios *full nodes* detêm toda a informação de que precisam.

Naturalmente, os *full nodes* se conectam a outros *full nodes* fazendo várias operações ordinárias do protocolo em busca de garantir o consenso; da mesma forma que recebem várias requisições de outros *nodes full* ou *pruned*.

Em contrapartida, operar um *full node* exige um grande espaço em disco, visto que toda a blockchain precisa estar fisicamente persistida (gravada) na memória do computador (HDD, SSD). No início de 2021, quando escrevo este livro, o tamanho da blockchain do Bitcoin está em torno dos 320GB.

Além da necessidade de armazenamento, é necessário uma excelente conexão de internet com uma boa franquia de dados: a quantidade de requisições que um *full node* recebe é significativa, aumentando o tráfego de sua conexão.

Os *pruned nodes*, também conhecidos como *lightweight nodes* ou simplesmente *light nodes*, trabalham somente com os últimos blocos minerados, *assumindo* que, a partir de então, a informação é válida. Geralmente, quem opta por um *node* deste tipo é quem deseja operar transações utilizando um número limitado de carteiras, não comprometendo o espaço em disco nem sua banda de internet.

Isso não quer dizer que os *pruned nodes* não façam as verificações habituais exigidas pelo protocolo. Eles fazem; porém, a grande diferença é que, assim que verificam, excluem a informação, armazenando apenas um pequeno conjunto dos blocos mais recentes da blockchain.

O grau de importância entre um e outro nó é enorme: os *nodes* que não operam com a blockchain inteira não participam da verificação do consenso. Por isso, é sempre muito recomendado que se rode um *full node* para que se garanta e se faça parte da segurança da rede.

No início da blockchain do Bitcoin só eram permitidos *full nodes*. O protocolo só começou a aceitar *pruned nodes* em meados de 2015, para popularizar ainda mais a quantidade de computadores que realizam transações na rede.

Porém, para quem detém grandes quantias de criptomoedas, faz muito sentido que este participe e ajude a garantir a saúde e consistência da rede rodando um *full node*. Quanto mais *full nodes* bem intencionados, menor a chance de a blockchain ser comprometida por um tipo de ameaça que abordaremos mais à frente, chamada de *ataque de 51%*, quando um conjunto de *nodes* mal intencionados, por ser a maioria, gera um falso *consenso*, alinhado aos seus interesses, comprometendo o funcionamento padrão da rede e prejudicando os outros *nodes* e as pessoas que detêm aquele ativo (moeda) digital.

Mineradores

Nem todo *node* é um minerador, mas todo minerador é um *node*. Basicamente, mineradores são *nodes* que mineram; isto é, que criam novos blocos que serão armazenados pelos *full nodes*.

É como se os computadores que se comportam como *full nodes* fossem o banco de dados da blockchain, enquanto que os mineradores são os computadores que trabalham focados na resolução do desafio em busca do *nonce do bloco*, para poder gerar o *hash do bloco* que obedeça às regras do desafio e do protocolo.

Os tipos de hardware de um *full node* e de um *minerador* são bem diferentes. Enquanto o *full node* está preparado para armazenar mais de 300GB, respondendo às requisições da blockchain e trafegando mais de 200GB de dados por mês, a fim de sempre estar sincronizado e garantir o consenso da rede, os computadores dos mineradores focam basicamente no processamento, inclusive possuindo hardware com arquitetura específica para isso.

Esses computadores são chamados de ASIC (*Application Specific Integrated Circuits*, ou circuitos integrados de aplicação específica). Nossos computadores e smartphones possuem processadores (como Intel i5, i7, Apple A12) e estes foram criados para poderem trabalhar com aplicações de um modo geral. Podem rodar o sistema operacional (Windows, Linux, Mac OS, Android, iOS,

etc.), ao mesmo tempo em que exibem e processam uma planilha, jogam um jogo, acessam a internet, tocam uma música.

Os ASIC são projetados para um uso exclusivo e específico, não desperdiçando qualquer recurso em tarefas que não sejam o foco dele. É o caso da mineração de dados; o circuito de tal tipo de máquina foi projetado para processar e gerar *hashes* em altíssima velocidade, utilizando todo o poder computacional específico para isso, sem compartilhar ou drenar recursos para outras atividades que não sejam aquelas para as quais foi projetado.

Como resultado, esse tipo de hardware é bem mais caro do que um computador normal, custando em torno de US$ 4 mil os exemplares mais modernos e poderosos. Além do preço, esse tipo de máquina exige uma atenção no quesito refrigeração, já que gera muito calor. Outro ponto a considerar é que este hardware serve única e exclusivamente para minerar criptomoedas, não sendo possível realizar outras tarefas ordinárias de um computador comum.

Recompensas da prova de trabalho

E qual o propósito de se fazer tamanho investimento além de contribuir para o funcionamento da blockchain? Pela dedicação de hardware, internet, disponibilidade e energia elétrica, os mineradores são recompensados com Bitcoins ou Ethers quando conseguem achar o *nonce*, encontrando o *hash* e minerando o bloco.

Essa recompensa funciona para quase toda blockchain que utiliza o mecanismo de consenso chamado de Prova de Trabalho (*Proof of Work*, ou PoW). A prova de trabalho é alcançada quando um *node* minerador faz uso do seu poder computacional (trabalho) em busca do *hash* que atenda à solução do desafio e o encontra.

Informando para a rede que encontrou o *nonce* que chega ao resultado exigido e demonstra o *hash* gerado a partir desse *nonce*, o *node* atesta, prova, que trabalhou para consegui-lo; e que, por isso, deve ser recompensado.

O *node* chamado de sortudo (*lucky node*) é aquele que consegue achar a solução do desafio antes de qualquer outro.

Nas configurações iniciais de um *node* que deseja ser um minerador, é indicada a carteira na qual devem ser depositados os créditos caso o nó seja o sortudo.

Atualmente, o *node* sortudo ganha BTC 6,25 por bloco. Lembrando que um bloco na blockchain da Bitcoin leva algo em torno de 10 minutos para ser minerado.

A probabilidade de um *node* conseguir minerar esse bloco sozinho é praticamente zero, principalmente porque, já há algum tempo, existe o conceito de *pools* de mineração (*mining pools*). Isso funciona da seguinte forma: um conjunto de *nodes* se associa e um algoritmo fica responsável por dividir o trabalho e medir o esforço de cada um. Sabemos que o *nonce do bloco* é um número inteiro. A grosso modo, o que esse algoritmo faz é distribuir intervalos de números inteiros entre os *nodes* mineradores participantes da associação.

Por exemplo, supondo que o *pool* apresente 10 *nodes* (normalmente são milhares), o algoritmo diz que o *node* A vai minerar de 0 a 1.000.000, o *node* B de 1.000.001 a 2.000.000, o C de 2.000.001 a 3.000.000 e assim por diante. Naturalmente, essa divisão ocorre com números e intervalos significativamente maiores.

O mesmo algoritmo calcula o poder computacional de cada *node*, baseado na quantidade de *hashes* que ele gera por minuto. Quanto maior o poder de cálculo, maior será a recompensa, proporcionalmente. Supondo que o *node* sortudo seja um dos participantes daquele *pool* e consiga a recompensa de BTC 6,25, esse valor é dividido entre os membros desta associação, em proporção ao poder de processamento dos participantes.

Isso tudo é regido, claro, automaticamente, tendo os valores distribuídos de forma automatizada. Caso o *node* sortudo não pertença àquele *pool*, ninguém ganha nada, porque, muito provavelmente, outra associação de *nodes* foi a vencedora da mineração daquele bloco específico.

Coinbase

A transação que recompensa a carteira indicada pelo minerador é a primeira da lista das transações contidas no bloco e é chamada de *coinbase transaction*. Esses recursos não vêm de carteira alguma; é *dinheiro criado* (cunhado) pelo próprio algoritmo da blockchain e serve para que os mineradores continuem a ter interesse em gastar dinheiro, tempo, esforço computacional e energia elétrica para manter a rede.

O limite de 21 milhões de Bitcoins e o futuro

Essa *geração de dinheiro* até as carteiras dos mineradores nas transações *coinbase*, um dia, vai acabar. O protocolo do Bitcoin foi feito para gerar, no máximo, até 21 milhões de créditos. Após isso, os mineradores só serão recompensados com as taxas das transações.

E, até lá, as recompensas pagas aos mineradores irão diminuindo gradativamente. Quando o Bitcoin foi criado, o valor pago ao *node* responsável por minerar aquele bloco era de BTC 50. Em 2012, o valor caiu para BTC 25. Em 2016, foi para BTC 12.5. Hoje, está em 6.25.

A cada 210 mil blocos minerados, o valor da recompensa cai pela metade. Para minerar essa quantidade toda de blocos, a duração é de, aproximadamente, quatro anos. Pelos cálculos, em torno do ano de 2040 não haverá mais nenhuma recompensa pela mineração dos blocos.

Esta é uma das regras basilares do protocolo e regula a inflação da moeda. Nesse caso, com a escassez de Bitcoin, há uma valorização natural desse ativo ao longo do tempo.

Hoje, as taxas de transação representam um percentual baixo se comparado à taxa de recompensa. O que se espera, contudo, é que o Bitcoin seja tão valorizado que, quando não houver mais geração dessa moeda, as taxas de transação que hoje não bastariam para compensar todo o trabalho de mineração valorizem a ponto de continuar valendo a pena para os *nodes* mineradores. Também se espera uma alta na quantidade de transações ao longo do tempo, o que contribuirá organicamente para um equilíbrio dessa equação.

Outro fato curioso é que se espera que haverá muito menos do que 21 milhões de Bitcoins em 2040, porque, até lá, muitas pessoas vão perder as chaves privadas de suas carteiras ou vão morrer sem repassá-las a terceiros, fazendo com que milhões - isso mesmo, milhões! - de Bitcoins não façam parte desse ativo circulante daqui a pouco menos de duas décadas.

Mais um fator a se considerar, ainda no campo da teoria, é a chegada dos computadores com chips quânticos que alterarão completamente a forma como lidamos com a criptografia dos computadores binários. Um computador quântico, em tese, poderia quebrar quase que imediatamente qualquer chave criptográfica, tendo acesso às chaves privadas de qualquer carteira, por exemplo.

Porém, não podemos esquecer que o protocolo Bitcoin pode sofrer alterações a fim de se antecipar em relação a essa vulnerabilidade, implementando uma forma de criptografia baseada nos chips quânticos. Como é possível notar, esse assunto é ainda muito especulativo; mas, certamente, pode fazer parte da pauta quando se tratar do futuro das blockchains.

A Mineração e o Consumo de Energia Elétrica

Um dos grandes problemas do mecanismo de consenso mais utilizado, a prova de trabalho, e que ficou ainda mais evidente com a valorização e popularização do Bitcoin e do Ether, é o altíssimo consumo de energia necessário para o funcionamento das blockchains que dão lastro a essas (e outras) moedas.

Quando muitas pessoas entenderam que minerar Bitcoin poderia ser um negócio lucrativo, centenas de fazendas de mineradores, conectados a outros incontáveis *pools* de mineração, apareceram para *ajudar* no processo de criação de novos blocos.

Rapidamente, o algoritmo do Bitcoin *entendeu* que a quantidade de transações e de mineradores havia aumentado consideravelmente. Para que os blocos continuassem a ser minerados nos 10 minutos desejados pelo protocolo, e não menos, o algoritmo aumentou a dificuldade do desafio.

Caso um indivíduo deseje ser um minerador da rede Bitcoin, além de ter que desembolsar alguns milhares de dólares na aquisição de um hardware ASIC, os custos com o consumo de energia elétrica dessas máquinas têm que necessariamente serem considerados.

Para se ter uma ideia, uma máquina ASIC média consome 1.300 W e, para valer a pena o investimento, ela tem que ficar ligada vinte e quatro horas por dia, sete dias na semana. Colocando em perspectiva, o consumo de cada hardware ASIC corresponde a se ter não um, mas dois aparelhos de ar-condicionado de 7.500 BTU ligados todo o tempo, ininterruptamente. Além dos custos, se for o caso, de refrigeração do ambiente, visto que o hardware ASIC gera bastante calor, o que pode afetar seu desempenho e até mesmo vir a danificá-lo. Estamos falando de um uso bastante modesto de apenas um hardware ASIC de médio porte.

Em meados de julho de 2019, a Universidade de Cambridge disponibilizou uma ferramenta que mede a quantidade de energia consumida pelos mineradores de Bitcoin com base no *hashrate*, que é a quantidade de *hashes* gerados por segundo pelos *nodes* no processo de mineração dos blocos. Concluiu-se, à época, que a energia consumida somente por esses mineradores era igual a toda a energia elétrica consumida na Suíça, 7 gigawatts de eletricidade, o equivalente a 0,21% de toda a energia consumida no planeta[1]. No momento de escrita deste livro, janeiro de 2021, esse indicador já gira em torno de 10 GW, algo próximo de 0,36% da energia consumida globalmente. O serviço, acessível em https://cbeci.org/, também possui um mapa mostrando a distribuição de mineradores entre os países.

Caso o Bitcoin fosse um país, em termos de consumo de energia, ele estaria na 35ª posição, entre o Paquistão e a Finlândia. A China é responsável por 65% da mineração de Bitcoin, seguida dos EUA (7%), Rússia (6%) e Cazaquistão (também 6%).

Como alternativa à prova de trabalho (PoW) como mecanismo de consenso da blockchain, temos a *Proof of Stake* (PoS), que merece um capítulo inteiro para ser explicado.

Proof of Stake na Ethereum 2.0 (ou ETH2)

Um outro mecanismo de consenso, diferente da prova de trabalho (PoW), é o *Proof of Stake* (PoS). Diferentemente do PoW (*proof of work*), o algoritmo PoS não é um grande consumidor de energia elétrica nem necessita de caros hardwares ASIC calculando centenas de *hashes* por segundo em busca de solucionar o desafio do protocolo, sendo isso para a mineração de um único bloco. De fato, o consumo de energia elétrica e a necessidade de hardwares ASIC são uma grande barreira de entrada dos *nodes* mineradores, além de outras desvantagens que trataremos aqui.

Uma maneira interessante de explicar como funciona a *Proof of Stake* é explicar a atualização em curso da Ethereum Network, que, aos poucos, está deixando o mecanismo de prova de trabalho e migrando para o PoS.

Já vimos que em algumas blockchains a informação da versão do protocolo é importante. Na grande maioria das vezes, as mudanças de versão lidam apenas com questões de performance, correção de bugs, aplicação de mais camadas de segurança ou atualização do grau de dificuldade do desafio. Porém, essa atualização em curso da rede Ethereum é uma enorme mudança de paradigma no comportamento do mecanismo de consenso, o coração da blockchain. Pela primeira vez, uma blockchain pública não permissionada; com milhares de *nodes* e com centenas de bilhões de dólares em *market cap* (capitalização de mercado, o valor da criptomoeda multiplicado pela quantidade de ativos circulante da mesma); vai sair de um mecanismo já bem consolidado de consenso, a prova de trabalho (PoW), para a *Proof of Stack*, que só está presente em blockchains um pouco menores ou permissionadas (privadas, que exigem autenticação dos *nodes*, basicamente).

Ao invés de mineradores, os *nodes* que criarão os blocos são chamados de *validadores*. A blockchain da Ethereum vai ser dividida em 64 *shard chains* (fragmentos da cadeia) e cada um desses fragmentos terá, no mínimo, 128 validadores.

Esses *nodes* validadores serão escolhidos randomicamente e formarão os comitês, os quais serão responsáveis por propor e validar blocos lançando-os nessa *shard chain*. Será eleito um *node* que proporá a construção de um bloco a ser minerado, que terá que ser validado por 2/3 dos participantes do comitê.

Este comitê só poderá propor e validar até 32 blocos, que estarão contidos em respectivos 32 *slots*, constituindo o período (*"epoch"*) em que esses validadores estarão reunidos no comitê.

Após a criação de 32 blocos, o comitê é dissolvido e é gerado um novo com novos validadores. Isso acrescenta mais uma camada de segurança por diminuir as chances de um comitê ser gerado com um conjunto de validadores trabalhando em conluio.

O validador que propuser um bloco válido será recompensado. Isto é, ganhará ETH. Ao invés de o *node* trabalhar em busca de um *hash* para resolver o desafio e ser remunerado por isso, a simples proposta de um bloco e sua validação pelo comitê farão com que esse *node* receba Ethers (a moeda principal da rede Ethereum).

Os validadores também são sujeitos a punições. Por exemplo, caso o seu *node* fique *offline*, ele recebe uma pequena punição. Caso o comportamento do validador procure ferir a integridade da rede ou vá de encontro ao consenso, as penalidades são bem maiores.

Para organizar e coordenar todas essas novas regras e todos os novos fragmentos de rede (*shard chains*), uma nova camada foi acrescentada à blockchain, chamada de *beacon chain*, já em vigor.

A *beacon chain* também será responsável por sincronizar as informações entre os fragmentos de rede e a rede principal, além de gerenciar os validadores e registrar seus depósitos garantidores e aplicar as recompensas e penalidades em cima desse valor provisionado.

E este é o grande ponto central do mecanismo de consenso *Proof of Stake*: para que um *node* consiga ser um validador, ele terá que provisionar na rede pelo menos 32 ETH (algo em torno de US$ 52 mil, valores de março de 2021).

Este montante será a garantia que a rede terá de que esse *node* não terá um mau comportamento, nem tentará modificar blocos já minerados ou se comportará em conluio com *nodes* mal intencionados. Qualquer comportamento que tente ferir a integridade do consenso pode ser passível de perda parcial ou até mesmo total dos recursos provisionados.

O risco de ataque de 51% permanece, porque, para que um bloco seja aceito, bastam 2/3 dos validadores de um comitê para concordar com o bloco proposto. Porém, o risco para quem tenta burlar a rede é muito maior.

Para se ter essa maioria, são necessários 85 *nodes* validadores, os quais já depositaram, cada, no mínimo, 32 ETH, mais de US$ 4 milhões (cotação de março de 2021). Como os participantes do comitê já são formados de maneira aleatória, será necessário um número imensamente maior de validadores (e uma quantidade muito maior de dinheiro), até que, dentro dessa aleatoriedade, seja gerado um comitê cuja maioria absoluta de validadores faça parte da trama. Na documentação da ETH2, como também é chamada a Etherem 2.0, a chance de um ataque desta natureza dar certo é uma em 1 trilhão.

Além do risco de perderem o valor provisionado, os participantes do conluio, ao levar instabilidade e insegurança à rede, podem fazer com que o valor do ETH junto ao dólar e/ou ao Bitcoin despenque, não sendo interessante para os participantes a desvalorização desse ativo.

Os *nodes* que geram esse tipo de instabilidade no consenso, além de receberem fortes descontos, são descredenciados como validadores e podem ter seus recursos completamente perdidos.

Outros tipos mais brandos de punição são quando o validador deixa seu *node offline* (desconectado da internet) ou dessincronizado com os demais. Nesse caso, o validador não perde o título de *honesto*; continua a fazer parte da rede de validadores, mas recebe pequenas multas aplicadas ao valor provisionado por sua indisponibilidade em minerar.

A migração do mecanismo de consenso da rede Ethereum já está em curso. A *beacon chain* já está funcionando desde 1º de dezembro de 2020. No ano de 2021, a estimativa é que as *shard chains* sejam implementadas para que, apenas em 2022, haja o pleno funcionamento do *Proof of Stake*, em detrimento da prova de trabalho.

Por ser ultra complexo e exigir pesados, extensos e profundos testes, essa migração ainda levará algum tempo para ocorrer. A promessa é que se gerem muitas vantagens nessa migração. A primeira delas é que não será necessário um investimento muito pesado em hardware e internet para ser um validador, nem ter gastos significativos de energia elétrica.

Caso não se tenha a quantidade mínima de Ethers para provisionar, o participante da rede ainda terá a oportunidade de se associar a outros usuários e formarem um *staking pool*, conjunto de *nodes* e carteiras pertencentes a vários usuários que se juntam no intuito de se tornarem validadores provisionando seus respectivos recursos até o mínimo exigido pela blockchain. Funciona como se várias pessoas que não possuem ETH 32 se cotizassem para, juntando seus recursos, conseguirem fazer parte desse tipo de mineração.

Outro ponto positivo é a descentralização do funcionamento do consenso. Utilizando prova de trabalho (PoW), quanto mais *nodes* na rede, maior o tráfego e, por consequência, maior a remuneração aos mineradores, fazendo com que as taxas de transação subam consideravelmente. No caso da PoS, isso não acontece porque milhares de validadores continuarão a fazer o mesmo trabalho e serão recompensados da mesma forma, independente da carga da rede.

Um dos motivos para isso é que, com a segregação da rede em diversas *shard chains*, a quantidade de blocos gerados por minuto aumentará contundentemente e será regida pela *beacon chain* através da quantidade de blocos minerados por era (*epoch*). Com transações sendo mineradas mais rapidamente com taxas muito mais baixas, a adoção da rede Ethereum, em tese, aumentará de forma sólida e expressiva.

Todos esses pontos positivos esbarram em uma questão bastante delicada, como já dito: esse novo mecanismo de consenso, o PoS, nunca foi testado em escala tão gigantesca e crítica como esta atualização que está para ser lançada, em comparação à prova de trabalho (PoW), que, há mais de uma década, vem fazendo seu trabalho sem nenhuma falha significativa detectada.

Ataque de 51%

Sabemos que quem determina a regra da blockchain é o protocolo; e que quem a verifica e valida é o consenso dos *nodes* da rede. E se, no entanto, a maioria desses *nodes* estivesse em conluio para burlar o funcionamento da blockchain? Isso é possível e é chamado de *ataque de 51 por cento*.

Imagine que esses *nodes* mal intencionados ingressem maciçamente e de forma coordenada na blockchain para, por exemplo, alterar a carteira de destino de algumas transações, a fim de cooptar recursos indevidamente. Pelas várias regras da blockchain, esse tipo de comportamento seria facilmente detectado pelo consenso e esses *nodes* seriam automaticamente desconectados.

Porém, se o consenso fosse gerado a partir de uma maioria de *nodes* que agem validando aquilo que, a rigor, não deveria ser validado, o comportamento da blockchain poderia ser errático, configurando, dessa forma, um ataque de 51% bem sucedido.

Outro tipo de comportamento bem comum em um ataque de 51% é o gasto duplo (*double spending*). É quando a entidade maliciosa faz com que seus recursos sejam utilizados várias vezes, duplicando e excluindo transações, fazendo com que suas carteiras apresentem mais saldo do que de fato têm.

É importante lembrar que esses *51%* são, na verdade, a maioria do poder computacional de uma blockchain cujo mecanismo de consenso é baseado em prova de trabalho (PoW). O ataque não implica simplesmente a participação dos *nodes* na rede, mas, também, seu trabalho e esforço de mineração na validação dos resultados das minerações. O trabalho efetivo de geração de *hashes* somado a um conluio centralizado e muito bem coordenado.

Esse tipo de ataque ocorre, geralmente, em blockchains com poucos *nodes*, de moedas recém-criadas ou experimentais. Nestes casos, a blockchain que dá sustentação a essas moedas não possuem, via de regra, uma malha de *nodes* numerosa e distribuída, sendo um pouco mais fácil esse tipo de ataque.

Importante lembrar que, para se realizar esse ataque, são necessários recursos computacionais (hardware) e uso de energia elétrica. Isso quer dizer que, de alguma forma, os ataques têm que valer a pena financeiramente para o grupo de hackers que decidem realizar o ataque, visto que serão gastos tempo, dinheiro e recursos para tal.

Sem falar que, após a detecção de um ataque de 51% em uma blockchain, as moedas (e/ou tokens) às quais ela dá suporte têm, invariavelmente, uma grande desvalorização, já que é notória a insegurança daquela rede. Então, o ataque precisa ser muitíssimo bem coordenado, a ponto de, imediatamente após burlar a rede, o grupo hacker precisar se desfazer rapidamente das moedas, antes que a comunidade identifique o problema. Caso isso não seja bem orquestrado, corre-se mais um risco: os recursos desviados não valerem nada ou quase nada, em função de seu valor ser corroído pelo próprio ataque.

O Caso da Ethereum Classic

Apesar de ser mais comum em blockchains de moedas pouco conhecidas, a Ethereum Classic vem sofrendo o ataques de 51%. Ethereum Classic é uma ramificação da Ethereum dada após um cisma entre os mineradores da rede *principal* em 2006.

Em 30 de agosto de 2020, foi identificado um ataque de 51% na Ethereum Classic, o qual foi divulgado oficialmente um dia depois, 31 de agosto daquele ano. Segundo ETC Labs, entidade que dá suporte financeiro e técnico à Ethereum Classic, a responsável pelo ataque foi a NiceHash, uma empresa especialista em mineração. Utilizando de seu poder computacional (*hash-power*), a NiceHash foi acusada de utilizar de seus mineradores para interferir na rede.

Porém, o problema foi mais complexo do que parece. A NiceHash não é um grupo de hackers, mas uma corretora (*broker*) de *hash-power*. Funciona da seguinte maneira: em um mercado aberto, os *compradores* criam ordens de compra de poder computacional de máquinas de terceiros, o *hash-power*, para que mineradores interessados nessas ofertas trabalhem em cima de determinado conjunto de dados. É como se os *compradores*, sem gastar com hardware ou energia elétrica, abrissem uma oferta de pagamento para que os mineradores, que possuem toda a infraestrutura para realizar a mineração, façam este trabalho. A NiceHash faz essa intermediação.

Os mineradores, utilizando-se da plataforma da NiceHash, optam por aceitar ou não as ofertas. Aceitando-as, eles mineram o conjunto de dados; em seguida, devolvem os dados minerados para a NiceHash; e são pagos. Os dados devolvidos à NiceHash são enviados a um *pool* de mineradores que, ao invés de remunerar a NiceHash, remunera o *comprador* que realizou a oferta inicial do trabalho.

Segundo algumas análises, incluídas na resposta da companhia à ECT Labs, é tecnicamente impossível para a NiceHash analisar o que será minerado e se aquele conjunto de dados, na verdade, é um bloco de informações cujo intuito é burlar uma determinada blockchain; no caso, a da Ethereum Classic.

A curiosa solução rebatida pela NiceHash, que cita o *paper* do Bitcoin escrito por Satoshi Nakamoto, é a Ethereum Classic se utilizar dos próprios serviços da NiceHash para combater o ataque de 51%, aumentando a dificuldade de se realizar ataques, incrementando o poder computacional da rede com as compras dos *hash-powers*.

Ataque às grandes blockchains

Seria possível realizar um ataque à rede Ethereum (a *original*) ou à blockchain da rede Bitcoin?

Tecnicamente, a resposta é sim; é possível. A própria natureza do algoritmo de consenso baseado em prova de trabalho (PoW) dá essa margem. Porém, na prática, a conversa é bem diferente.

Lembrando: *hashrate* é um importante indicador de uma blockchain baseada em prova de trabalho (PoW) porque diz, por exemplo, qual o grau de dificuldade que os *nodes* estão tendo para minerar um bloco. Indica o quanto de poder computacional está sendo gasto para o funcionamento da rede.

Tomando como base o dia 30 de agosto de 2020, quando a Ethereum Classic foi atacada, a partir do *hashrate*, podemos ter uma ideia de como esse indicador pode ser determinante para a segurança de uma rede.

Naquele dia, o *hashrate* da Ethereum Classic estava em um de seus menores patamares em mais de três anos, algo em torno de 3,66 TH/s (*tera-hashes* por segundo). Dias antes, 14 de agosto de 2020, tal indicador havia atingido um de seus piores índices: 2,35 TH/s. Talvez, desde esse dia, os hackers passaram a monitorar o comportamento da rede em busca de uma outra baixa para realizar o ataque.

Fazendo um comparativo rápido, a rede Ethereum *original* apresentava, no dia do ataque, um *hashrate* de 227,72 TH/s. Com isso, a grosso modo, seria 62 vezes mais difícil um ataque à Ethereum do que à Ethereum Classic. Isso quer dizer que seriam necessários 62 vezes mais mineradores para iniciar um ataque, considerando que seria a uma rede muitíssimo mais preparada para detectar e corrigir ataques da natureza em questão. Várias vezes mais caros e com maior probabilidade de naufragar.

Se compararmos à blockchain da Bitcoin o cenário **piora muito** para os potenciais atacantes. No fatídico dia (para a rede Ethereum Classic) 30 de agosto de 2020, o *hashrate* da rede Bitcoin estava em 113,95 EH/s. Cento e treze **exa-hashes** por segundo.

A título de comparação: 1 TH equivale a 1 trilhão de *hashes*; 1 PH equivale a 1.000 TH; 1 EH equivale a 1.000 PH ou a 1 milhão de TH. Então podemos concluir que, para atacar a rede Bitcoin, seria necessário um esforço computacional **31 milhões de vezes** maior do que o que foi necessário para corromper a rede da Ethereum Classic. Se analisarmos desse ponto de vista e com base no indicador *hashrate*, um ataque do

Blockchain como Computação Distribuída

Até aqui, já vimos que uma blockchain é composta por milhares de computadores interconectados, regidos por um algoritmo de consenso; e que - no caso da Bitcoin e na versão corrente da Ethereum - é exigido um esforço computacional de quem opta por minerar blocos, sendo tal esforço recompensado com a própria moeda da rede.

E se, além de minerarem, esses *nodes* realizassem um trabalho inerente aos computadores: o de *computar*. Computar pode ser realizar cálculos, comparar e contar; mas, nesse caso, computar é poder ler e cumprir todas as etapas de um determinado algoritmo.

Esses conjuntos de regras e operações finitas (algoritmos) são escritos na forma de códigos que obedecem a uma linguagem de programação que a máquina, com ajuda de um compilador, interpreta e executa. Como exemplos, temos diversas linguagens com as quais os desenvolvedores e engenheiros de software codificam: JavaScript, Go, Python, PHP, Java, Ruby, C#, Swift, etc.

Onde estaria o código de algoritmo que os *nodes* da blockchain executam? Na própria blockchain. Ao invés de uma transação que transferisse um determinado valor de uma carteira, a Ethereum Network foi além na arquitetura de sua blockchain, permitindo que o código-fonte fosse armazenado nela e executado pelos seus *nodes*.

Mas, para que isso viesse a acontecer, algumas boas implementações tiveram que ser desenvolvidas; e é sobre isso que iremos tratar neste capítulo.

EVM ou Ethereum Virtual Machine

A grande diferença entre a blockchain da Bitcoin e da Ethereum é exatamente a EVM ou a Máquina Virtual da Ethereum. Não é simplesmente uma característica, mas uma evolução baseada na blockchain da própria Bitcoin.

Podemos imaginar a blockchain da Bitcoin como um sistema de transição de estado (*State Transition System*); e para que possamos nos aprofundar um pouco mais e entender como funciona, vale a pena investirmos tempo aprendendo sobre funções, um elemento quase onipresente nas linguagens de programação.

Funções

Basicamente, podemos dizer que função é um conjunto de instruções finitas, limitadas por seu escopo, que geralmente recebe um ou mais valores, processa-os e retorna um resultado.

Como exemplo, vamos criar uma função chamada SomaDoisNumeros, que, como o próprio nome já diz, soma dois números e nos retorna um valor.

```
SomaDoisNumeros(a, b)
{
  retorne (a + b)
}
```

Essa função é bem simples. Recebe dois valores (parâmetros), a e b, e, dentro do seu escopo delimitado entre os colchetes { e }, retorna o resultado da soma dos dois parâmetros.

Podemos criar uma função um pouco mais complexa (e útil) chamada `MediaAritmetica`:

```
MediaAritmetica(a, b, c)
{
  soma = a + b + c
  retorne (soma / 3)
}
```

Dessa vez, a função recebe três parâmetros e, dentro do seu escopo, soma-os e armazena o valor da soma dentro de uma variável chamada `soma`. Ao final, a função devolve o resultado da soma dos parâmetros dividido por três.

Essa função pode ser acionada durante um programa de computador para que não seja necessário, todas as vezes que precisarmos, realizarmos o que a função já executa, facilitando o trabalho. Exemplo:

```
mediaAlice = MediaAritmetica(8.0, 7.0, 10.0)
mediaAlex = MediaAritmetica(7.5, 6.6, 8.0)
```

Na primeira linha, os valores `8.0`, `7.0` e `10.0` entram na função `MediaAritmetica` respectivamente como os parâmetros a, b e c. Dentro do próprio escopo, a função faz o cálculo e retorna para a variável `mediaAlice`.

O mesmo acontece na segunda linha; porém, com outros valores e o retorno é armazenado na variável `mediaAlex`.

Ao final da execução do código, a variável `mediaAlice` terá o valor `8.3` e a variável `mediaAlex` terá o valor `7.3`.

Sistema de Transição de Estado

Voltando para a blockchain, vamos imaginar uma situação inicial em que Alice tem 5 Bitcoins em sua carteira e Alex tem apenas 1. Esse é o estado atual da blockchain do ponto de vista dos saldos dessas duas carteiras.

Vamos abstrair toda a complexidade que conhecemos para facilitar nosso exemplo: quando é criada uma transação na qual 3 Bitcoins da carteira de Alice são transferidos para a carteira de Alex, é gerado um novo estado para a blockchain no qual Alice possui BTC 2 e Alex possui BTC 4.

Podemos representar a transação na forma de uma função, dessa vez contendo três parâmetros:

- Endereço da carteira de Alice;
- Valor a ser transferido;
- Endereço da carteira de Alex.

Para que essa função possa funcionar de maneira adequada, ela também precisa de um quarto parâmetro: conhecer o **estado atual da blockchain**, para poder fazer as conferências dos saldos antes de realizar a transferência.

Podemos representar o estado atual da blockchain como um conjunto que contém os saldos de Alice e Alex dessa forma:

```
estadoAtual = { Alice: 5; Alex: 1 }
```

Podemos chamar a função para realizar a transação dessa maneira:

```
transacao(estadoAtual, Alice, 3, Alex)
```

Esta função terá que realizar os seguintes passos:

Verificar o saldo de Alice a partir do estado atual da blockchain, que foi passado como primeiro parâmetro da função;

Caso o saldo de Alice seja maior ou igual ao valor da transação: o saldo de Alice deve ser debitado em 3 Bitcoins; o saldo de Alex deve ser creditado em 3 Bitcoins; **O estado da blockchain deve ser alterado**, contendo esses novos saldos.

Caso o saldo de Alice seja menor que o valor da transação: Um erro deve ser apresentado e o estado da blockchain não deve ser alterado.

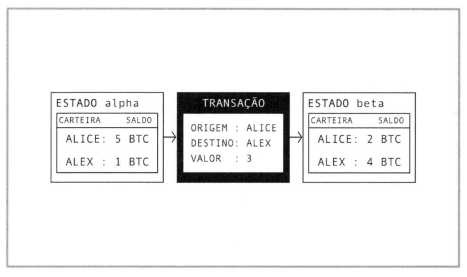

Representação de mudança de estado da blockchain a partir de uma transação.

Podemos concluir que a função transação alterou um dado estado da blockchain (quando Alice e Alex tinham, respectivamente, BTC 5 e BTC 1) para um estado (atual) em que Alice tem BTC 2 e Alex tem BTC 4, dada a transferência de BTC 3 entre uma carteira e outra.

Neste caso, o conjunto que representa nosso estado atual da blockchain ficou assim:

```
estadoAtual = { Alice: 2; Alex: 4 }
```

E ele está *pronto* para ser alterado novamente com as próximas transações.

Esse conceito é importante porque demonstra que a blockchain está sendo alterada a partir de um engenho (*função*) e que ela possui, ao longo do tempo, vários estados. Conclui-se que a blockchain é um **sistema de transição de estado**.

Muito basicamente, a ideia que Vitalik Buterin idealizou para a rede Ethereum é que o estado de uma blockchain pudesse ser alterado, além das transações, a partir de códigos que pudessem conter todas as operações e possibilidades que um computador apresenta.

Para que uma transação fosse realizada, por exemplo, ela poderia passar por um conjunto de condições e verificações, com a possibilidade de realizar operações matemáticas, comparar, escrever e consultar dados em memória; e de que os atributos da blockchain estivessem ao alcance desses programas e pudessem servir de parâmetros para a tomada de decisão do código.

E além: com a possibilidade de alguém criar sua própria moeda alternativa através do uso dos programas; e de que os blocos de códigos se interconectassem e criassem, entre si, uma organização autônoma rodando em cima da blockchain.

Esses blocos de códigos inseridos na blockchain são chamados de *contratos inteligentes* e é sobre isso que vamos falar agora.

Contratos Inteligentes

Contratos inteligentes são blocos de código injetados na blockchain que possuem instruções passíveis de serem acionadas por meio de transações. Essas instruções, que podemos chamar de *funções*, podem ou não exigir parâmetros.

A partir deste ponto do livro, vamos tratar *contratos inteligentes* apenas como *contratos*, até mesmo para desmistificar sua qualidade de *inteligentes* (se mal codificados, podem ser desastrosos) e utilizar, de fato, o modo como a blockchain chama esse conjunto de códigos em sua escrita (*Contract*).

Uma característica importante que preserva a natureza de imutabilidade dos dados dispostos na blockchain é mantida: os contratos (códigos) inseridos nela não podem ser modificados de maneira alguma. Porém, a invocação deste contrato pode alterar **o estado** dos atributos do próprio contrato ou de um outro contrato, no caso de este ser referenciado por aquele; como também realizar ou autorizar transações, por exemplo.

Vamos tratar disso de uma maneira detalhada, começando pela forma como um contrato é incluído na blockchain.

Criando um contrato

Como já dito, contratos são códigos de computador. São escritos, geralmente, em uma linguagem chamada Solidity, sendo esta a *oficial* para quem desenvolve contratos para a rede Ethereum.

O programador codifica esse contrato em sua máquina, obedecendo, obviamente, às regras da linguagem Solidity. Um contrato possui uma ou mais funções dentro de si. No contrato, por exemplo, de um token padrão ERC20 (abordaremos com mais profundidade oportunamente) existe uma função chamada de `balanceOf`. Esta função aceita como parâmetro um endereço de uma carteira e retorna a quantidade de tokens que aquela carteira possui.

Todo contrato, por padrão, possui uma função chamada de `constructor`. Esta função só é chamada **uma única vez** no momento da criação do contrato na blockchain. Depois, não é mais possível executá-la. Parece não fazer sentido uma função que só se chama uma única vez, mas fará total sentido quando estivermos percorrendo os exemplos ou falando sobre tokens.

Depois de terminada a codificação pelo desenvolvedor, o contrato é compilado. A grosso modo, compilar um código é transformar um conjunto de instruções que são facilmente legíveis por (alguns) seres humanos em uma linguagem mais próxima da que o computador consegue entender. E é nesse momento que o compilador, um *programa* especialista em realizar essa transformação, consegue validar aquele código, indicando se existe algum erro de sintaxe ou qualquer outro alerta. Caso passe em todos os testes, aquele código legível por seres humanos se torna algo cuja leitura e compreensão é muito mais complicada, mas carrega integralmente as instruções e regras codificadas pelo desenvolvedor. Podemos dizer que a compilação é uma simples tradução entre duas linguagens.

Depois de compilar, é hora de injetar esse código na blockchain. Existe um nome para esse código compilado: *bytecode*, que é um código de baixo-nível. Um código desta natureza é mais próximo do que o computador consegue entender (talvez um passo antes do código binário, com o qual o computador de fato trabalha).

A maneira de se injetar os contratos na blockchain é através da nossa conhecida transação. Porém, uma transação cuja natureza é diferente da ordinária, de troca de valores entre carteiras. É um tipo de transação em que efetivamente se cria um contrato, ao invés de realizar uma transferência. O campo de destinatário, o qual normalmente é uma carteira, após o contrato ser criado, recebe seu endereço único.

Esse endereço do contrato se comporta como uma carteira: é possível enviar Ethers para ela e, caso o contrato apresente uma função específica para isso e a carteira tenha saldo, fazer transferências a partir da carteira.

O campo de observação da transação (*input data*) carrega o *bytecode* que ficará cristalizado na blockchain. Ele também carrega um conjunto de variáveis de estado (atributos) iniciais. Por exemplo, dentro do contrato pode existir um atributo que armazene quais são os endereços das carteiras *donas* dele, tendo estas carteiras poderes maiores do que as demais quando acioná-lo. Atributos podem carregar o nome e a sigla de um determinado token.

Variáveis de estado e possibilidades

Já vimos que a blockchain é um sistema de transição de estados. Essa transição pode acontecer com as variáveis (atributos) de um contrato, por exemplo. Da mesma forma que a função inerente à blockchain, que transfere as moedas entre uma carteira e outra, alterando-se o estado dos saldos dessas duas carteiras, uma função de um contrato pode alterar uma ou mais variáveis de estado.

Um contrato pode carregar uma variável muito útil: a que armazena o dono do contrato. E esta variável pode ser preenchida uma única vez: no momento da criação do contrato, na função `construct`, atribui-se à variável `owner` (dono) o endereço da carteira de quem o está criando. E como saber qual é este endereço? Simples, o contrato consegue visualizar quem foi o remetente (endereço de origem) da transação que o criou.

Essa é uma funcionalidade muito relevante dos contratos da blockchain: eles não apenas enxergam seus atributos. E com eles se consegue ter acesso a quase todas as informações disponíveis na blockchain: qual o número do bloco corrente, qual o endereço do minerador do bloco, qual o saldo de uma determinada carteira etc. O contrato apresenta também o poder de transferir valores entre o saldo de seu endereço e uma carteira específica.

Como já dito, um endereço de um contrato serve como uma carteira. No entanto, com muito mais possibilidades. Um contrato pode receber uma transferência oriunda de dada carteira A, verificar o valor e distribuir, automaticamente, 50% desse valor para uma carteira B, 30% para uma carteira C; e, como comissão dessa operação, ficar com os 20% restantes - descontando, claro, as taxas de transação.

No mundo dos tokens, um contrato funciona de várias maneiras. Pode funcionar como uma *exchange*, transformando uma certa quantidade de Ethers oriundos de uma carteira específica por um saldo interno de tokens, armazenado em suas variáveis de estado. Pode transferir esses tokens entre carteiras. Pode criar tokens a partir de uma chamada do dono do contrato, da mesma forma que pode destruí-los. Pode limitar um teto na quantidade de número de tokens, dentre várias outras operações e comportamentos.

Um contrato também pode acionar outro contrato já criado, bem como consultar suas variáveis de estado. Pode trabalhar em conjunto com vários outros contratos formando uma organização automatizada e segura, regendo várias operações do mundo real.

Exemplos clássicos

Na documentação da Solidity, a linguagem de programação *oficial* da Ethereum Network, existem alguns exemplos de contratos que servem para ilustrar algumas boas possibilidades de aplicação. Não são contratos do *mundo real*, para serem utilizados em produção, mas servem como fundamento para se construir robustas aplicações.

Votação

É possível criar um sistema de votação bastante seguro e transparente utilizando contratos. Gosto de imaginar que esse sistema de votação funcionaria perfeitamente em condomínios. Cada contrato seria um pleito (um assunto) a ser votado, por exemplo: votar por substituir ou não a empresa de segurança do condomínio; ou, a partir de uma sobra de caixa, escolher entre substituição do piso do hall de entrada, modernização dos elevadores ou bonificação dos funcionários.

Os votos não serão secretos. Os eleitores (condôminos) serão identificados pelo endereço de suas carteiras e seus votos serão registrados por suas respectivas transações. É um sistema de voto aberto.

Um outro requisito é que esse contrato é regido por um presidente, que será a carteira criadora do contrato. Por convenção, o endereço conhecido do síndico é o que valida a votação daquele contrato. E é fácil verificar se aquele endereço teve realmente o poder de criar o contrato; confrontando o carimbo temporal do bloco no qual a transação que criou aquele contrato foi minerado com a convenção que demonstra o período do mandato daquele síndico/endereço.

Esse síndico terá o poder de:

- No momento da criação do contrato (e somente nele), na chamada da função `construct`, indicar quais são as propostas a serem votadas. Cada proposta terá um nome curto, de até 32 caracteres, que simplesmente a identificará perante os eleitores. Na blockchain, principalmente nessas variáveis de ambiente, evitamos armazenar grandes quantidades de informação porque é bastante custoso. Além disso, esse nome servirá como um índice simples. No exemplo do que fazer com os recursos da sobra de caixa, as três propostas poderiam ser nomeadas de `HALL`, `ELEVADORES` e `FUNCIONÁRIOS`, por exemplo;
- Através da função `giveRightToVote`, que possui como parâmetro um endereço de carteira, indicar-se-ia quais são os endereços aptos a votar. Isso é necessário porque, entre uma votação e outra, algum apartamento pode ser vendido e é necessário manter a lista dos proprietários ativos atualizada.

Por sua vez, uma carteira autorizada pelo síndico a participar da votação tem o poder de delegar seu voto a uma terceira carteira. Por exemplo, no caso de um apartamento que esteja alugado, o proprietário poderá delegar seu voto a seu inquilino, bastando invocar a função `delegate`, passando como parâmetro o endereço desejado. Essa função analisará duas coisas:

- Se o endereço que a está invocando está na lista dos endereços autorizados pelo síndico a votar;
- Se ainda não existe nenhum voto computado para este endereço.

Caso passe por todas as verificações, o proprietário poderá autorizar seu inquilino a votar, incluindo seu endereço no rol dos autorizados.

Esse contrato só aceita um voto por endereço autorizado ou por inquilino delegado pelo proprietário; e o voto não poderá ser modificado de forma alguma.

Um aspecto extremamente interessante é que nem o criador do contrato, isto é, o síndico detentor do endereço que gerou na blockchain a transação com o contrato, pode fazer qualquer alteração que não esteja minimamente expressa no código do contrato: não pode alterar o nome das propostas, não pode excluir um endereço que tenha autorizado, não pode desautorizar um endereço de um inquilino autorizado pelo proprietário, não pode alterar a quantidade de votos, não pode votar duas vezes nem autorizar ninguém a votar duas vezes.

Essa é uma imensa vantagem da blockchain: nem o proprietário do código tem o poder de modificá-lo após sua publicação, a fim de, por exemplo, se beneficiar. O programa é um livro aberto para qualquer um consultar e não um cofre fechado, como acontece na maioria dos sistemas. Além disso, é completa e perfeitamente auditável, com registros imutáveis de quando o contrato foi criado, quais as proposições, quais foram os endereços autorizados, quais foram os endereços delegados pelos endereços autorizados, quem votou em quem e qual foi o resultado da votação. Tudo isso registrado nas respectivas mudanças de estados gerados pela invocação das funções do contrato.

Na ata do condomínio, este evento seria facilmente descrito dessa forma:

A partir de votação registrada pelo contrato
`0x25c2f0e18f8945f5395aa971c99e95f808e79dea,`

com 60 endereços autorizados pelo síndico cuja carteira é

`0xfde9292293171fa4ed63f05cff414f2db414cc55,`

concluiu-se que a proposição HALL *foi a vencedora com 45 votos.*

Qualquer pessoa teria acesso a este resultado, podendo atestá-lo facilmente. E todo o histórico estaria registrado para sempre na blockchain.

Além disso, esse contrato poderia ser melhorado de várias maneiras. Por exemplo: ao invés de, em todas as vezes, o síndico ter que enviar os endereços autorizados para cada votação criada, poderia existir um outro contrato, modificado em intervalos muito maiores de tempo, que fosse referenciado pelo contrato de votação, que guardasse os endereços de cada proprietário. Outro ponto de melhoria seria: ao invés de o síndico indicar os proprietários daquele imóvel e fazer suas alterações, um cartório poderia ser o responsável por incluir e transferir as propriedades, por exemplo.

Leilão

Este é um ótimo exemplo, dessa vez envolvendo transferência de moedas. Vamos partir de um simples leilão aberto até chegarmos ao leilão cego. Nessa trajetória, conheceremos outros importantes aspectos, características e possibilidades dos contratos.

Antes, brevemente, vamos falar sobre *unix timestamp*.

Unix timestamp

Apesar de parecer apenas uma curiosidade, entender esse conceito simples ajudará a entender todos os exemplos que virem a lidar com **tempo** quando tratarmos de operações na blockchain.

O carimbo temporal padrão Unix, ou simplesmente *Unix timestamp*, é uma unidade amplamente utilizada nas linguagens de programação e em sistemas do mundo todo há bastante tempo. Também é chamada de Era Unix (*Unix Epoch*) ou *Posix Time*.

Unix é um sistema operacional, assim como o Windows, Linux, Android, Mac OS, iOS etc. Ele é o pai de diversos sistemas operacionais contemporâneos, sendo o Linux um dos mais conhecidos.

O *Unix Timestamp* foi criado para resolver as diversas formas de se representar uma data e hora. Em alguns locais, o mês vem antes do dia; em outros, o ano vem antes de todas as outras informações etc. Além de que, o formato de uma data não é tão facilmente interpretado pelo computador, já que possui barras, dois pontos, espaços, complicando um pouco em situações de simples operações, ordenamento e comparações, por exemplo.

Então, convencionou-se que o tempo 0 (zero) da Era Unix era 1 de janeiro de 1970 às 00:00:00 UTC e que a escala aumenta a partir dos segundos. Um dia possui 86.400 segundos. Logo, para representarmos a data 2 de janeiro de 1970 às 00:00:00, o *Unix Timestamp* é 86400.

Isso facilita bastante os cálculos computacionais porque bastam dois *timestamps* para saber, por exemplo, os intervalos de segundos, minutos, horas, dias, meses ou anos, subtraindo-os, simplesmente, e dividindo o resultado até se chegar à grandeza desejada.

A blockchain também se utiliza disso. A propriedade *timestamp* do bloco é salva utilizando esse padrão.

Um problema parecido com o bug do milênio, que aconteceu na virada do ano 1999 para 2000, acontecerá com esse padrão de data. Em 19 de janeiro de 2038, muitos sistemas legados terão que ser atualizados porque, nesta data, o *timestamp* gerado não *caberá* mais em sistemas 32 bits, sendo somente compatível com sistemas 64 bits.

Esse problema não afetará a blockchain porque o *timestamp* é armazenado em hexadecimal, tendo bastante *espaço* para grandes números neste campo, sendo compatível com milhares de anos à nossa frente.

Leilão aberto

Para cada leilão, um contrato: essa é a primeira regra. A segunda regra é que o leilão tem um limite de tempo. Após uma quantidade de minutos, horas ou dias, ele se encerra e nenhum lance poderá ser realizado.

Como podemos verificar o tempo em uma blockchain para podermos encerrar o leilão? Na Ethereum, um bloco é minerado a cada, aproximadamente, 15 segundos. Então poderíamos calcular 4 blocos por minuto, 240 blocos por hora, 5.760 blocos por dia. Com base no bloco que o contrato foi criado, podemos indicar que a validade do leilão é, por exemplo, de até 17.280 blocos posteriores à sua criação, o que dá, aproximadamente, três dias. Porém, existe uma imprecisão nessa quantidade de tempo de mineração de um bloco e, quanto maior o tempo de um leilão, maior seria essa imprecisão.

Outra saída, talvez a melhor, seja indicarmos quanto tempo durará aquele leilão e, quando o bloco que contém a transação de criação do contrato for minerado, recuperarmos e armazenarmos o *timestamp* em uma variável do contrato, somado ao tempo desejado do leilão.

Uma das principais funções desse contrato é a `bid` na qual os interessados farão os lances. Essa função, curiosamente, não precisa carregar valor algum, visto que a própria transação que a gera já é suficiente. Podemos recuperar o **endereço** de origem de transação e o **valor** em Ethers. Essa função fará as seguintes verificações:

- Caso o período do leilão já tenha sido fechado, não serão aceitos mais lances;
- A transação que chama essa função, transferindo os fundos da carteira de origem para a carteira de destino, só aceitará o valor se este for maior do que o valor do maior lance até o momento. Caso o interessado tente dar um lance com valor igual ou inferior, será rejeitado;
- Caso o lance seja aceito, a carteira do último maior lance é armazenada para que, ao final do leilão, os valores possam ser reavidos. Por exemplo, supondo que a carteira A dê um lance válido e, logo em seguida, a carteira B aumente o valor do lance. Armazenaremos no contrato a relação entre a carteira A e seu lance para, posteriormente, esta poder reaver seu valor. Caso uma carteira C dê um lance maior do que a carteira B, teremos que armazenar, também, o valor do último lance válido dado pela carteira B, e assim por diante, ficando nossa coleção de antigos lances dessa forma:

```
{ carteiraA: 50, carteiraB: 55 }
```

- Ao aceitarmos o lance, armazenaremos nas variáveis de estado a carteira que deu o maior lance e o respectivo valor. Além disso, o contrato registrará em mensagem que um maior lance foi computado para aquele leilão, informando o endereço da carteira e valor. Essas mensagens podem ser emitidas pelo contrato e fazem parte da mudança de estado, gerando uma espécie de registro (*log*) do contrato, o qual pode ser consultado por qualquer pessoa que tenha acesso ao seu endereço.

Note que poderíamos fazer isso de forma automática, isto é, quando a carteira B desse um lance maior do que a carteira A, o valor pago pela carteira A seria imediatamente transferido. Acontece que isso pode ser um problema caso o endereço de destino (o da carteira A) seja um contrato inseguro. Lembra que um contrato pode acionar outro, inclusive enviando e recebendo valores? Pois é. Se, através de uma transação originada pela carteira B, criássemos uma transação para uma hipotética carteira A, a *responsabilidade* dessa transação seria tanto da carteira B quanto do nosso próprio contrato. Dessa forma, é melhor que as carteiras que tiveram lances superados reclamem, elas mesmas, os valores armazenados no nosso contrato de leilão através de transações originadas a partir de suas próprias carteiras. Só assim a *responsabilidade* dessa transferência seria da carteira que estaria invocando nosso contrato e não de uma terceira.

Precisamos de uma função que fará isso, ou seja, que fará com que os participantes do leilão possam sacar seus lances superados. Essa função verificará se o endereço da carteira consta na coleção de antigos lances e, em caso positivo, realizará o saque desse valor através de uma transferência. O nome dessa função será withdraw e também não precisará de nenhum parâmetro, considerando que o endereço do remetente estará na transação que a invoca.

Uma característica importante dos contratos é que eles **não podem se autoexecutar**: sempre dependem de uma transação que invocará uma de suas funções. É por isso que temos o método auctionEnd, que poderá ser invocado por qualquer carteira. Ele fará as seguintes verificações e ações:

- Se realmente já é hora de finalizar o leilão, com base no *timestamp* do bloco no qual a transação foi minerada;
- Se a função já não foi chamada outra vez para que o leilão não tenha que ser finalizado mais uma vez;

- Caso se passe nas duas condições acima, marcar o contrato como já finalizado;
- Emitir uma mensagem indicando que o leilão foi encerrado com o endereço da carteira vencedora e o respectivo valor do maior lance;
- Transferir ao beneficiário o valor do maior lance.

Note que essa função pode ser invocada por qualquer um, o que garante a transparência e a segurança do contrato. Isto é, nem o beneficiário poderá finalizar o leilão e ter acesso ao maior lance antes da hora determinada em sua criação. Todas as variáveis de estado de um contrato são públicas e, antes de qualquer lance, os participantes teriam acesso a todas as informações deste contrato e suas posteriores mudanças.

Leilão cego

O leilão cego possui três fases: a primeira é a dos lances. Como o próprio nome já diz, um leilão cego tem seus lances inacessíveis aos participantes. É possível consultar quantos lances foram dados e por quem, porém não é possível saber o valor de cada lance. A segunda fase é a de descoberta dos lances, em que os participantes da primeira fase *abrem o envelope* contendo seus lances. Nessa fase já não é possível dar lances. A terceira fase finaliza o leilão, transferindo o valor ao beneficiário.

No momento de criação de leilão, nossa função `construct` fará a configuração de quem é o beneficiário, data e hora de fim dos lances e início da fase de revelação dos valores e data e hora de fim da fase de revelação e possibilidade de pagamento ao beneficiário.

Os participantes poderão dar lances de maneira diferente: eles serão enviados através de criptografia. E os participantes poderão dar lances falsos, para confundir os demais participantes. Esses lances serão enviados criptografados por *hash* e esse sendo gerado com a concatenação dos seguintes valores:

```
<valor do lance> + <'verdadeiro' ou 'falso'> +
                    <senha>
```

Dessa forma, o único parâmetro aceito pela função `bid`, a qual computará os lances cegos, será o *hash* gerado a partir desses valores. Todos os lances serão guardados em coleções com o endereço da carteira que o originou e o respectivo *hash*. Além disso, em cada transação que dê um lance, um valor deve ser transferido ao contrato. Esses valores podem ou não refletir o valor do lance enviado, pois o que será levado em consideração será o valor do lance apontado como **verdadeiro**.

Tendo fim a fase de lances, é dado início à fase de revelação dos valores. Lembrando que não se pode mais realizar lances a partir daqui. Os participantes invocarão a função `reveal` e, como parâmetros, uma coleção será enviada contendo a) o valor enviado; b) se o lance foi verdadeiro ou falso; c) a senha daquele lance. Um exemplo de coleção para a checagem:

```
[
  {
    44.00,
    falso,
    aC7mA9qR7qY5iL6e,
  },
  {
    87.00,
    verdadeiro,
    qY6zD5vM4yO2xX0s,
  },
```

```
  {
    12.00,
    falso,
    tQ0zI3wW3vL3wU6q,
  },
]
```

A função do contrato analisará item a item, gerando um *hash* a partir da concatenação dos três dados de cada conjunto. Caso o *hash* tenha um valor armazenado para aquela carteira, ele fará outra verificação: se o lance é verdadeiro ou falso. Dessa forma, ele poderá devolver o valor excedente, caso exista. Por exemplo:

```
Transação 01
Valor enviado ao contrato: 50.00
Dados enviados à carteira (resumidos num hash):
{
  Valor do lance: 44.00,
  Lance verdadeiro: falso,
  Senha do lance: aC7mA9qR7qY5iL6e,
}


Transação 02
Valor enviado ao contrato: 60.00
Dados enviados à carteira (resumidos num hash):
{
  Valor do lance: 87.00,
  Lance verdadeiro: verdadeiro,
  Senha do lance: qY6zD5vM4yO2xX0s,
}


Transação 03
Valor enviado ao contrato: 70.00
Dados enviados à carteira (resumidos num hash):
{
  Valor do lance: 12.00,
```

```
   Lance verdadeiro: falso,
   Senha do lance: tQ0zI3wW3vL3wU6q,
}
```

Valor que realmente deve ser retido:
87.00 (valor do lance verdadeiro)

Valor total retido no contrato:
180.00 (soma das três transações)

Valor a ser reembolsado pelo contrato:
93.00 (diferença entre total retido e lance verdadeiro)

Na mesma transação da verificação, o contrato já reembolsa o participante caso haja algum saldo disponível. Obviamente, o valor total enviado deve ser igual ou maior do que o valor do lance verdadeiro.

Os participantes terão um período bem definido para revelar seus lances. Caso esse período seja ultrapassado, o participante não poderá mais revelar lances e, com isso, não poderá concorrer. Porém, poderá sacar todo valor enviado à carteira nas transações as quais continham os lances.

Por fim, da mesma forma do contrato de leilão aberto, a função auctionEnd é invocada, a qual verificará se está no período pós-descoberta dos lances. Caso positivo, identificará o maior lance e fará a transferência para o beneficiário do leilão.

Os demais participantes com lances válidos, porém superados, poderão requerer o reembolso dos seus valores invocando a função *withdraw*.

O intuito deste contrato é entregar um pouco mais de segurança na compra de mercadorias online. O grande problema nesse tipo de transação é o envio e o recebimento da mercadoria.

O contrato solicitará, tanto do vendedor quanto do comprador, um depósito de garantia com o dobro do valor da mercadoria para ser ressarcido no momento do recebimento pelo comprador. O vendedor receberá integralmente esse valor e o comprador, a metade - o valor real do produto.

Quem cria o contrato é o vendedor, enviando, no momento da criação, o dobro do valor do produto. Nesse momento, uma variável de estado chamada `Status` assume o valor de `Created`, indicando a criação do contrato.

Caso ninguém se interesse pelo produto, o vendedor pode abortar o contrato invocando a função `abort`. Esta função verificará se a variável `Status` está como `Created`, caso positivo, reembolsa o vendedor e muda o valor dessa mesma variável para `Inactive`, inativando o contrato.

Caso alguém se interesse pela mercadoria, o comprador confirma a intenção de compra invocando a função `confirmPurchase`, depositando o mesmo valor que o vendedor depositou. A variável `Status` fica com o valor de `Locked`, travando o contrato tanto para o comprador quanto para o vendedor.

Nesse momento, tanto o comprador quanto o vendedor estão no *prejuízo*, visto que ambos depositaram o dobro do valor da mercadoria no contrato. A única forma de reembolso desse valor é quando o comprador - e somente ele - invoca a função `confirmReceived`, que reembolsará a ele metade do valor depositado (valor correto do produto) e liberará o reembolso integral do valor depositado pelo vendedor. A variável `Status` assumirá o valor de `Released`, indicando que o contrato foi liberado.

Nesse momento, o vendedor poderá invocar a função `refundSeller`, para ser reembolsado.

Esse tipo de contrato força uma negociação rápida entre as duas partes, visto que, caso não se resolva, os recursos estarão retidos para sempre no contrato.

Poderíamos aprimorar muito este contrato incluindo o valor do frete do produto e uma data limite para que o comprador atualizasse a variável `Status` tanto para `Released`, em caso de sucesso do recebimento, quanto para `Dispute`, no caso de algum desentendimento entre as partes. Além disso, funções específicas poderiam ser desenvolvidas no intuito de resolver esse tipo de desentendimento, com propostas de negociação oriundas de ambas as partes.

Desativando ou destruindo um contrato

Apesar de, como já dito, um contrato não poder ser alterado, ele pode ser desativado ou até mesmo destruído. Isso pode ser útil, visto que ele pode ter um bug ou problema na sua concepção e tem que se tornar inacessível sob o risco de algum grande prejuízo financeiro ou comportamento indesejado.

Obviamente nem todo mundo deve poder destruir um contrato. Geralmente quem tem esse poder é a carteira que o criou, endereços denominados no momento da criação ou através de uma função específica a qual somente o endereço dono do contrato pode executar.

No momento de destruição de um contrato, é possível transferir os fundos (*Ethers*) armazenados nele para uma carteira específica. Isto porque, após a destruição dele, não é possível mais invocar nenhuma de suas funções, com risco dos *Ethers* armazenados nele ficarem inacessíveis.

Outro ponto relevante é o seguinte: depois de destruído, caso haja uma transferência de moedas para esse contrato, o valor transferido não poderá ser mais reavido nem movimentando. Por isso, a destruição de um contrato através de uma instrução `selfdestruct` não é recomendada. É muito mais seguro fazer com que um contrato seja desativado programaticamente.

Uma solução simples para isso é a seguinte: fazer com que as funções, antes de serem executadas de fato, verifiquem se a variável de estado `active`, criada no momento da cristalização do contrato na blockchain, esteja com o valor `true` (verdadeiro). Caso negativo, só executa a função o dono do contrato. E, paralelamente a isso, criar uma função, que somente ele possa acionar, a qual mude o estado dessa variável de `false` (desativando-o) para `true` (ativando-o) e vice-versa.

Gas, Gas Price e Gas Limit

Vimos algumas aplicações e exemplos de como os contratos funcionam. Funções, condições, variáveis de ambiente, dentre outras possibilidades. Porém, cada instrução dentro de um contrato gera um custo de processamento para quem o executa.

E quem o executa? Todos os *nodes* da blockchain. Isso mesmo, a invocação de uma simples função que, por exemplo, verifica se quem a invoca é o dono do contrato e altera uma de suas variáveis, é processada e verificada por todos os integrantes da blockchain.

Isso se torna óbvio quando pensamos que, para chamar um contrato através de uma de suas funções, precisamos gerar uma transação. Essa transação eventualmente estará dentro de um bloco que, por sua vez, teve que ser minerado. E qual o papel da *rede*? Verificar se o protocolo está sendo cumprido, validando cada transação e cada bloco minerado.

Quando há uma transação ordinária de transferência monetária, por exemplo, já vimos que há uma mudança no estado da blockchain do ponto de vista dos saldos das carteiras (a carteira que enviou os *Ethers* e a carteira que os recebeu). O mesmo acontece na mudança de estado dos contratos: para que isso aconteça, uma transação teve que ser invocada e uma ou mais instruções tiveram que ser executadas para que uma determinada variável mudasse de `Created` para `Locked` ou para que o contrato enviasse a quem o invoca uma quantidade específica de *Ethers*.

Isso tudo consome tempo dos verificadores da blockchain, além de espaço em disco. E seria injusto cobrar a mesma coisa de uma transação simples, que altera o saldo de duas carteiras, para uma chamada de uma função num contrato que fizesse várias verificações, contivesse vários *loops* e, principalmente, exigisse mais **tempo** e **processamento** dos participantes da rede.

É por esse motivo que na rede Ethereum e por conta da EVM (*Ethereum Virtual Machine*) foram criados os conceitos de *gas*, *gas price* e *gas limit*.

Gas

Podemos dizer que *gas* é o combustível virtual da Ethereum Network. É uma unidade que mede o quanto de processamento é necessário para processar uma transação. Uma transação que contém uma simples transferência monetária entre um carteira e outra, mudando o estado de ambas, consome 21.000 *gas*, por exemplo.

E quanto um contrato consome? Depende da quantidade de instruções que a função invocada contém - mas não é tão simples. Quando se cria um contrato, automaticamente a função `construct` é acionada. Então, quando a transação é enviada à rede com o contrato, os *nodes*, todos eles, executarão esta função e cada uma de suas instruções. Quanto mais instruções, mais *gas* será consumido.

Porém, precisamos entender um pouco mais sobre isso e desmistificar algumas coisas. A quantidade de linhas de programação e de instruções de um contrato não indica, necessariamente, o quanto ele vai consumir. Um dos motivos é que existe um artifício em praticamente todas as linguagens de programação chamado de *loops*, que são estruturas de repetição, e também está presente na linguagem Solidity.

Vamos supor que um contrato, por algum motivo, armazenasse nele todos os endereços de carteiras que acionassem uma determinada função. E outra função, por sua vez, retornasse todos esses endereços na forma de mensagens (*logs*) quando acionada. Para que isso aconteça, é necessário uma instrução de repetição a qual, de posse da variável que contém a coleção de endereços, escreva no *log* cada uma delas. Isso é um *loop* e, em alguns casos, pode ser bem perigoso.

Alguns *loops* podem processar um número muito grande de dados e por falha de implementação (*bugs*) consumirem muito mais *ciclos* de processamento do que deveriam. Por isso é tão importante otimizar um contrato antes de publicá-lo. Fazer com que as instruções presentes nele sejam realmente as necessárias, que os *loops* sejam realmente indispensáveis e que uma função, a chamar outra, por exemplo, saiba exatamente o que está fazendo.

Sim, ainda corremos esse risco. Uma função contendo três linhas de instrução, por exemplo, pode consumir uma quantidade enorme de *gas*: basta que uma dessas linhas contenha a chamada de uma outra função do contrato com dezenas de linhas mal implementadas.

Quando os desenvolvedores estão codificando, é possível que o compilador ou a ferramenta que eles utilizam para criar os contratos informem uma estimativa de *gas* que cada uma das funções pode consumir. Mas isso, como já visto acima, pode ser completamente imprevisível. Voltando ao exemplo da função que percorre todos os endereços armazenados nela, é fácil concluir que a invocação dessa função se torne cada vez mais custosa à medida que o contrato envelheça e cada vez mais endereços fiquem armazenados nele. O contrato, inclusive, pode ter seu funcionamento comprometido por isso.

Outra forma de consumir *gas* é o armazenamento de dados. Cada *byte* incluído numa variável de estado num contrato é custoso para toda a rede porque estará presente em cada *node*. Até mesmo o tipo da variável, nesse caso, importa. Uma variável do tipo *booleana*, por exemplo, que só pode ter dois valores, True e False, ocupa apenas um *byte* de espaço. Nesse caso, é melhor utilizar essa abordagem ao invés de uma variável do tipo *String*, que armazena texto e pode consumir uma quantidade considerável de memória.

Gas Price

É natural que haja uma compensação financeira pela execução de um contrato. É por isso que, assim como quem utiliza um automóvel que consome combustível paga por cada quilômetro percorrido, quem cria ou aciona um contrato paga por seu processamento.

Além de ser justo, o fato de ser custoso evita uma série de problemas. Por exemplo, supondo que um programador mal-intencionado queira prejudicar toda a rede e no seu contrato malicioso haja uma função com uma estrutura de repetição que escreva um texto cem milhões de vezes no *log* da blockchain em forma de mensagem. Naturalmente, o *node* responsável por processar aquela transação e incluí-la dentro de um bloco sofrerá bastante para poder executar aquilo, alterando, inclusive, o tempo de mineração. Além disso, todos os outros *nodes* que farão a verificação também perderão tempo, dinheiro e energia elétrica naquele código malicioso (ou mal implementado).

Quando conversamos sobre arquitetura da blockchain, dissemos que a rede era imune a um ataque do tipo DoS (*denial of service*, ataque de negação de serviço). E o melhor exemplo é a necessidade de se pagar por cada transação. Um ataque dessa natureza seria muitíssimo custoso, desinteressante e inviável economicamente porque exigiria uma quantidade enorme de requisições. Até aí, tudo bem, poderia ser possível fazer isso com vários computadores *zumbis* infectados com algum *worm*. Porém, para cada requisição, seria necessária uma quantidade de *Ether* para que elas fossem processadas. Não há almoço grátis na blockchain, se você quiser utilizá-la, vai ter que pagar. Bem diferente de uma requisição a um site na internet: apesar de custar a quem o hospeda, você não paga nada por isso.

Quem diz quanto quer pagar pelo preço do *gas* (*gas price*) é quem envia a transação, mas, na prática, a rede fornece um preço médio aceito pelos mineradores. Esse valor pode ser alterado pela carteira que cria a transação, porém há consequências, naturalmente. Como vimos no capítulo sobre o ciclo de vida de uma transação, quando ela é criada, é enviada ao *MemPool*. Na rede Ethereum, os mineradores vão dar preferência para as transações que estejam interessadas em pagar a média do que a rede vem cobrando. Caso quem cria a transação queira que ela seja minerada o quanto antes, basta elevar o valor do *gas price* que, certamente, sua transação terá prioridade em relação às demais, podendo ser minerada imediatamente no próximo bloco. O inverso acontece com as transações que querem pagar um valor abaixo da média da rede. Pode acontecer de uma transação passar muito mais tempo do que o habitual para ser minerada caso o valor que deseje pagar pelo *gas* seja muito baixo, podendo chegar a horas!

Gas Limit

Como já dissemos, o consumo de *gas* por um contrato pode ser uma incógnita. Não há como prever todas as possibilidades quando você aciona uma função, visto que muitos rumos podem ser tomados a depender de uma série de fatores e condições. Por isso, é possível estabelecer um limite de *gas* a ser consumido, dado que quem envia a transação paga por isso.

É o caso do *gas limit*. Quando a transação configura quanto quer pagar pelo *gas*, ela também pode estabelecer um limite a ser consumido por aquela transação para que não sejam ultrapassadas as expectativas de gasto para execução daquele contrato. Esta é uma medida que protege quem executa, visto que pode haver um grande consumo de *Ether* a depender de quanto o contrato consumirá de tempo de processamento.

Caso a quantidade de *gas* realmente consumida esteja bem abaixo do que foi estabelecido no *gas limit*, o recurso extra é reembolsado para a carteira que criou a transação. Por outro lado, caso esteja sendo executado um contrato e seja configurado um *gas limit* abaixo do necessário para seu processamento, a execução do contrato será interrompida, tudo que foi modificado no contrato será revertido, a blockchain informará *out of gas*, isto é, que o *gas* foi insuficiente para a execução e o recurso consumido não será devolvido, já que, mesmo não sendo executado completamente, consumiu poder computacional da rede.

Tokens

É importante diferenciar tokens de moedas no ambiente da blockchain. Apesar de tokens, muitas vezes, possuírem o mesmo comportamento e propósito de uma moeda, existem alguns importantes aspectos que os diferenciam.

O primeiro deles é que moedas são ativos nativos de sua respectiva blockchain. A blockchain Bitcoin possui, em seu protocolo, todas as regras de criação, transferência, segurança e recompensa da sua moeda Bitcoin. No caso da rede Ethereum a regra também se aplica: o protocolo da blockchain da Ethereum tem em sua concepção todas as regras que lidam com a moeda Ether. No caso da rede Ethereum a distinção é mais clara porque a moeda tem um nome (*Ether*) e a blockchain outra (Ethereum Network). Para que possamos rapidamente constatar se estamos lidando com uma moeda, basta verificar se o ativo possui suas regras no próprio protocolo da blockchain em que atua. Caso positivo, é uma *coin*, moeda virtual.

Os tokens são diferentes e exatamente por isso possuem várias possibilidades. Podemos dizer que a primeira característica é que eles operam uma camada acima da blockchain, mais precisamente onde os contratos operam. Eles são criados e regidos por contratos criados por qualquer pessoa ou organização.

Já como os tokens são criados através de linhas de códigos contidas num contrato, o qual pode reger um conjunto enorme de regras, um token pode possuir vários atributos, propósitos, características e regras de negócio. São tantos que podemos dividir os tokens em vários tipos, os quais veremos logo mais neste capítulo. Depois vamos explicar como eles são criados, mostrando, na prática, a concepção, passando pela codificação e o envio à blockchain.

Utility Tokens

Utility tokens são normalmente atrelados a algum produto ou a prestação de algum serviço. Podem servir como cupons para descontos, trocados por determinados produtos e concedem algum tipo de privilégio ou acesso antecipado a determinado novo serviço.

Uma empresa pode vender tokens criados por ela, os quais dão direito aos seus compradores de trocarem por um serviço que ainda será lançado. Esses tokens costumam ter seu valor bem abaixo do preço do serviço quando este for lançado, dessa forma os detentores desses tokens teriam a vantagem desse desconto na utilização do serviço ou, se o contrato (da blockchain) permitir, negociar e vendê-los a outras pessoas antes ou até mesmo após o lançamento.

Um exemplo do mundo real de uso desse tipo de token é o Filecoin (FIL), uma rede distribuída de armazenagem e disponibilização de arquivos que trabalha em cima do protocolo IPFS. No seu lançamento, conseguiu levantar mais de US$ 257 milhões, trocando tokens por armazenamento de dados em nuvem. Funciona, a grosso modo, da seguinte forma: os *mineradores* trocam espaço nos HDD e SDD de suas máquinas por tokens. Quem deseja hospedar dados em nuvem negociam esse espaço em disco através desses tokens. É uma relação entre token e hospedagem de arquivos em nuvem.

Outro exemplo é o de empresas como a FunFair (FUN) que têm seu próprio token, o qual é utilizado numa plataforma de jogos de aposta descentralizada, regidas por contratos que rodam na blockchain da Ethereum.

Security ou Equity Tokens

Antes de explicarmos o que é esse tipo de token, vamos, muito basicamente, visitar os conceitos de *security* e *equity*.

Security, nesse caso não vem de *segurança* e sim de securitização que é um termo financeiro para um tipo de operação que converte um empréstimo ou outros ativos em títulos que podem ser negociados, os chamados *securities*.

Equity é a parte de uma determinada empresa. Quando se adquire um *equity* de uma empresa, uma fração dela fica de posse do adquirente, inclusive tendo direito a uma percentagem dos lucros da companhia.

Esse tipo de token funciona precisamente como a negociação de ações na bolsa de valores. Uma empresa anuncia que vai abrir seu capital para investidores e, em troca de participação na empresa, oferece tokens. Quem possuir esses tokens terá direito a parte do capital e valor de mercado da empresa, além de ter direito aos lucros obtidos em suas operações.

E por que fazer isso utilizando a blockchain? Primeiramente a blockchain foi construída fundamentalmente para a transferência de ativos (moedas) entre as partes (representadas, no seu caso, por carteiras), não sendo necessário reinventar a roda construindo outra plataforma. Em segundo lugar, é um ambiente que se prova completamente seguro e alheio a falhas. E, por último, a blockchain é pública, tendo seu acesso muitíssimo mais acessível e menos burocrático, além de relativamente anônima. Pessoas comuns podem ter acesso a esses tokens, negociando-os livremente.

Porém esse tipo de operação, mesmo sendo negociada via blockchain, tende a ser fortemente regulada pelos órgãos responsáveis de vários países, inclusive EUA, Reino Unido, vários países da União Europeia, Brasil, Japão, dentre outros. Na China e na Coréia do Sul esse tipo de oferta é banida, sendo, inclusive, configurada como atividade financeira ilegal.

ICO e STO

Quando uma empresa abre seu capital na bolsa de valores em busca de novos investidores os quais negociarão suas ações, ela realiza um IPO, *initial public offering*, ou oferta pública inicial. No mundo da blockchain, quando se anuncia um novo *utility token* ao mercado, costuma-se fazer um ICO, que significa *initial coin offering* ou oferta inicial de moedas.

Inicialmente, toda oferta de moedas ou tokens via blockchain era chamada de ICO, quando em 2017 houve centenas de lançamentos, levantando milhões de dólares. Porém, foi observado que várias dessas ofertas eram ilegítimas, com muita gente sendo prejudicada em diversos esquemas fraudulentos.

Para se dar mais lisura aos processos de negociação de *securities* via blockchain, adicionando algumas camadas a mais de segurança, além das regulações governamentais, foi criado um novo termo: o STO, *security token offering*. Esses tokens, além de regulados, são oferecidos em corretoras conhecidas, com regras transparentes e auditadas. Mesmo assim, do ponto de vista da regulamentação, os ICO e STO são submetidos, algumas vezes, às mesmas regras.

NFT: tokens não-fungíveis

Uma unidade de *Ether* na carteira de Alice tem exatamente o mesmo valor de uma unidade de *Ether* na carteira de Alex. Caso Lucas queira adquirir uma unidade de *Ether*, tanto faz ele solicitar para Alice ou para Alex, visto que ambos podem, de acordo com a negociação entre as partes, realizar essa transferência monetária. Quando Lucas for negociar com essa unidade de *Ether* ou qualquer fração dela, não vai interessar com quem ele negocia se esse valor originalmente veio de Alice, Alex ou quem quer que seja. Isto porque *Ether* é um bem fungível, ou seja, ele pode ser substituído por outro da mesma espécie, quantidade e qualidade.

Tokens não-fungíveis (*non-fungible tokens*, ou NFT) representam ativos únicos, exclusivos. Tecnicamente, funcionam muito parecido com os tokens convencionais, tendo sua criação e regras regidas por contratos em blockchain, porém sua dinâmica é bastante diferente.

É impossível falar de NFT sem citar uma iniciativa que roda sobre a blockchain da Ethereum chamada de *CryptoKitties*, inclusive é, didaticamente, um dos melhores exemplos de tokens não-fungíveis. Um *CryptoKitty* é um *gatinho virtual* criado a partir de um contrato da blockchain, com características únicas chamadas de *Cattributes* (provavelmente uma corruptela de *cat attributes* ou atributos do gato), que são criados e negociados via um DApp (*descentralized application*, ou aplicação descentralizada, que é um software em que grande parte de suas regras de negócio são regidas por contratos na blockchain).

Um *CryptoKitty* é criado a partir de dois outros (um pai e uma mãe) e *herdam* alguns de seus atributos, junto com outros criados randomicamente. Esses atributos podem ser cor do pelo, cor dos olhos, formato dos olhos, de que forma (e se) o pelo é malhado, grau de pureza, etc. Esses e outros atributos e subatributos podem gerar bilhões de combinações. Esses gatos, que na verdade são como cartas em jogos como *Pokemon* ou *Magic: the Gathering*, podem ser comprados, modificados (incrementados através de transações) e vendidos dentro de sua plataforma.

Como outro exemplo temos uma plataforma especialista em compra e venda de tokens não-fungíveis, a OpenSea, que se intitula como *o maior marketplace de itens raros*. *Marketplace* é um tipo de plataforma que faz a intermediação entre o vendedor e o comprador, como o eBay, MercadoLivre, etc. Lá eles anunciam artes digitais, domínios, cartas, itens colecionáveis, além de uma série de itens não-fungíveis negociados via tokens de blockchain.

Como são criados os tokens

Como já citamos, tokens têm sua criação e mecânica regidos por programas de computador (contratos) inseridos na blockchain. A Ethereum Network foi a pioneira em gerar a funcionalidade de criação ultrafacilitada de token em sua blockchain: qualquer um, com o mínimo conhecimento técnico, consegue criar e manipular seus tokens na rede Ethereum sem maiores problemas.

Neste capítulo vamos explicar as estruturas de um token, quais são suas possibilidades e vamos, através de exemplos práticos e tentando não cair em detalhes técnicos, criar um *token padrão*.

A relação entre a Internet e as RFC

Nos primórdios da Internet, antes de a rede ter esse nome, quando os pesquisadores do projeto ARPANET (a rede que deu origem à Internet) queriam divulgar um trabalho específico envolvendo aspectos técnicos da rede ou até mesmo a criação de um novo protocolo, eles escreviam e distribuíam um RFC.

RFC, ou *Request for Comments* (solicitação de comentários), é um documento técnico, numerado, que possui uma série de proposições técnicas de um determinado assunto. Essa sigla em particular, isto é, essa *requisição de comentários* é proposital e feita para que esse tipo de relatório não pareça definitivo, estimulando outros pesquisadores a darem suas contribuições.

Praticamente todos os protocolos conhecidos e utilizados no nosso dia a dia possuem uma RFC própria. Para que seu dispositivo esteja conectado à Internet é necessário que ele possua um IP (RFC 791) que lhe dá a possibilidade de visitar um website (protocolo HTTP é descrito originalmente no RFC 2616, dentre outros). Talvez você ainda queira enviar algum e-mail (RFC 2821) ou queira assistir a algum vídeo do YouTube ou a uma série na Netflix (RFC 3286). Se acordou realmente inspirado e deseja criar um novo protocolo para Internet, também fará uso de um RFC para isso (RFC 2026). Todos os RFC já publicados podem ser encontrados em https://www.rfc-editor.org/.

As RFC são mantidas pela ISOC (*Internet Society*) e suas entidades associadas, principalmente a IETF (*Internet Engineering Task Force*), uma organização responsável por construir normas e padrões da Internet.

Tokens padrão da rede Ethereum

A Ethereum Network se inspirou nas RFC quando foi criar suas normas e padrões, inclusive e principalmente no que diz respeito a tokens. Essa padronização tem uma série de benefícios, sendo a segurança o primeiro. Quando um novo padrão de token é aceito isso quer dizer que seu código já passou pela análise de várias pessoas que asseguraram seu funcionamento e segurança. Essa análise informa a quem deseja adotar aquele certo padrão quais são as melhores práticas, além de alertar para possíveis problemas ou usos não recomendados.

Outra importante vantagem é que, quando se padroniza os contratos, é possível criar aplicações em diversas linguagens desenvolvidas por diversas empresas ou pessoas que conseguem conversar com esses tokens. Isso é possível porque o comportamento e as chamadas para aquele contrato são previsíveis, fazendo com que um aplicativo possa ser compatível com vários tokens que adotam aquele determinado protocolo.

Para entendermos melhor, vamos fazer um paralelo com os navegadores de internet (*internet browsers*). Existem vários browsers que podemos utilizar para acessar websites como Chrome, Firefox, Safari, Edge, Opera, DuckDuckGo, etc. Apesar de cada um ter suas particularidades, ícones e design únicos, atalhos e funcionalidades, absolutamente todos conseguem acessar, por exemplo, um mesmo site de notícias. Esses navegadores foram feitos para *conversar* com o protocolo HTTP/HTTPS (RFC 2616, *et al*), cujo comportamento é previsível: ele sabe como requisitar uma página de Internet e, quando receber os dados, ele sabe como plotar seu conteúdo na tela: textos, fontes, imagens, vídeos, animações, formulários, etc.

O mesmo acontece com uma aplicação que lida com token na Ethereum Network. Ao invés de RFC, a Ethereum Foundation, organização responsável pela manutenção da rede Ethereum, ordena os EIP (*Ethereum Improvement Proposal* ou proposta de melhoria da Ethereum) e, quando aceito pela comunidade, os publica. Após aceite e publicação, essas propostas deixam de ser sugestões e ganham um status de regra.

Existem vários tipos de EIP: alguns lidam diretamente com o núcleo (*core*) da Ethereum, mais especificamente com os comportamentos dos *nodes* da rede e as regras de consenso da blockchain. Outras EIP podem lidar com o funcionamento da rede, como pequenas melhorias e modificações no protocolo *peer to peer* (p2p) a fim de otimizar a sincronização entre os *nodes*, por exemplo. Existem EIP que lidam especificamente com a interface, isto é, a forma que os softwares cliente conseguem *conversar* com as funcionalidades da blockchain. Outros casos são as EIP *meta*, que regem a forma de como as próprias EIP ganham o status de regra, por exemplo; e as EIP informacionais, as quais lidam com diretrizes gerais ou anúncios e toda a parte da comunicação oficial da comunidade Ethereum.

As ERC, que vamos lidar a partir de agora, são EIP relacionadas à aplicações da rede. Antes de um contrato ou token ser padronizado, é lançado um EIP que, quando aceito, vira uma ERC as quais, da mesma forma que as RFC da Internet, também são numeradas.

Convém informar que as ERC não lidam somente com tokens, abrangem outras aplicações como o registro de nomes, formatos de bibliotecas e pacotes de código-fonte (bibliotecas), padrões de carteiras e esquemas de formatação de URL. Didaticamente vamos lidar especificamente com EIP que se transformaram em ERC relacionados a tokens.

ERC-20

O principal objetivo da ERC-20 é criar uma **interface padrão** para criação de tokens utilizando contratos que serão executados na blockchain da Ethereum Network. Ela foi proposta inicialmente pela EIP-20.

Quando falamos de interface padrão queremos dizer que a ERC-20 propõe à comunidade uma forma previsível de criação de um contrato que lide com tokens que podem ser acessados por diversas aplicações de terceiros. É como se esse tipo de contrato contivesse um padrão que as pessoas e empresas, as quais queiram criar aplicativos seguindo este modelo, terão seu produto compatível com uma gama muito grande de contratos desse tipo.

Traçando um paralelo com o mundo real é como o padrão HDMI de transmissão de áudio e vídeo para as televisões. Essa interface padronizada permite que diversos fabricantes de dispositivos eletrônicos consigam fabricar seus aparelhos com esse conector específico. Uma terminação (conector) HDMI possui 19 pinos, cada um deles possui um uso específico. Se uma empresa estiver interessada em construir cabos HDMI, ela utilizará as instruções desse padrão para construí-lo. Acontece da mesma forma com as indústrias de TV que constroem os aparelhos com essa entrada, prevendo os mesmos 19 pinos contidos na especificação do consórcio HDMI.

O ERC-20 funciona de maneira parecida: possui atributos e funções que, quando invocados por *softwares* e aplicações compatíveis, têm seu comportamento previsível.

Na sua função construtora, isto é, a função que é invocada uma única vez no momento da inserção do contrato na blockchain, é possível configurar:

- **A quantidade de casas decimais que o token trabalhará**. Se for um token parecido com o Bitcoin ou Ethereum, terá oito casas decimais. Se for um token parecido com o Dólar ou Euro, duas casas decimais. Caso seja um token com suas regras próprias, pode conter qualquer quantidade de casas decimais - inclusive nenhuma, fazendo com que o token seja indivisível, trabalhando somente com números inteiros;
- **O nome do token**. Isso é importante para que as aplicações que trabalharão com ele possam exibir para o usuário qual token ele está lidando;
- **O símbolo do token**. É o resumo do nome do token, como acontece em outras moedas. Dólar é USD, Euro é EUR, Real é BRL, Bitcoin é BTC, Ethereum é ETH, dentre outros.

A rigor, esse método construtor não faz parte da interface padrão do token. Isso é fácil de entender porque essa função não pode ser invocada pelas aplicações, visto que ela só é executada no momento da criação do contrato na blockchain. Porém, para fins didáticos, é interessante *configurarmos* esse primeiro método para termos uma ideia geral das possibilidades que um contrato como esse pode ter. A partir de agora vamos lidar com as propriedades e funções padrão do token e explicá-las uma a uma.

O token possui três propriedades, as quais já *configuramos* na nossa função construtora. Todas elas são opcionais. A primeira é `name`, que é o nome do token, a segunda é `symbol`, que é o seu símbolo e a terceira é `decimals`, que guarda a quantidade máxima de casas decimais permitidas para operação daquele token.

O ERC-20 possui algumas funções. A primeira é a `totalSupply` que retorna a quantidade de tokens já cunhados (criados) disponíveis.

A segunda é a `transfer`, que espera dois parâmetros: o endereço da carteira destinatária e a quantidade de tokens que serão transferidos para ela. Quem é o proprietário dos tokens a serem transferidos? Lembre-se de que a função de um contrato é invocada através de uma transação realizada por uma determinada carteira. Lembrando também que o código do contrato tem acesso a todas as informações dessa transação. Existe uma propriedade que o contrato usa com frequência que é a `msg.sender`, isto é, a carteira que invocou aquela função através da transação. Com isso, não é necessário fazer com que esse método precise de um parâmetro indicando o remetente dos tokens, visto que ele *conhece* o endereço da carteira através da própria transação que o acionou.

Isso é particularmente seguro porque o contrato tem certeza absoluta que quem deseja transferir o token foi uma carteira que conseguiu realizar uma transação na blockchain e, para que ela pudesse fazer essa transação, conseguiu passar por todas as etapas de segurança, assinando corretamente com sua chave privada, sendo confirmada pelos *nodes* e minerada em um determinado bloco. Essa é uma das grandes vantagens dos contratos: toda a parte complexa e sensível envolvendo segurança é abstraída, fazendo com que o programador se preocupe apenas com as regras envolvidas naquele contrato dado que, fundamentalmente, quem o invoca está devida, prévia e seguramente identificado.

Conhecendo o `msg.sender`, consegue-se verificar se há saldo de tokens suficiente nessa carteira para realizar a transferência. Caso haja saldo, ele subtrai a quantidade de tokens da carteira remetente e incrementa o mesmo valor na carteira destinatária. Toda essa relação entre carteira e quantidade de tokens é armazenada no próprio contrato através de uma *coleção* que faz parte de seus atributos. Essa coleção é alterada quando uma função dessa natureza é invocada e executada com sucesso: havendo saldo, há a transferência e a mudança de estado. Exemplo: Alice possui 10 tokens e Alex apenas 1, o estado atual do contrato é esse:

```
saldos = { Alice: 10; Alex: 1 }
```

Quando Alice invoca essa função transferindo dois tokens para Alex, esse estado, após a transação ser minerada em um bloco, é alterado e essa coleção passa a ter novos valores atualizados:

```
saldos = { Alice: 8; Alex: 3 }
```

A função responsável por retornar a quantidade de tokens de uma determinada carteira é a `balanceOf`, a qual recebe apenas o endereço da carteira a qual será consultado o saldo. Com base no estado atual dos balanços dos tokens, é retornada a quantidade específica de uma determinada carteira.

Uma outra função presente no ERC-20 é a `approve`. Essa função faz com que uma carteira dê autorização a outra carteira para transferir uma quantidade máxima de tokens em seu nome, realizando uma ou mais transações. É como se Alex fosse autorizado a transferir tokens para uma terceira carteira em nome de Alice. Alice, no caso, autoriza Alex a transferir uma quantidade máxima de tokens a quem quer que seja. Nesse caso, Alice invoca a função approve e passa dois parâmetros: o endereço da carteira de Alex e a quantidade máxima de tokens que ele pode transferir em seu nome. Alice pode invocar essa função novamente para desautorizar Alex (informando que ele está autorizado, a partir de agora, a transferir zero tokens) ou aumentar e diminuir a quantidade autorizada.

Essa informação também fica guardada numa coleção do contrato, que podemos representar visualmente da seguinte forma:

```
autorizados = {
  Alice = { Alex: 2; Linus: 3 },
  Lucas = { Alex: 1 }
}
```

Isso quer dizer que Alice autorizou Alex a transferir, no máximo, 2 tokens dela e também autorizou Linus a transferir 3 tokens em seu nome. Lucas autorizou Alex a transferir, no máximo, até 1 token em seu nome.

A função allowance lê essa coleção e retorna exatamente a quantidade de tokens de Alice que Alex está autorizado a transferir no nome dela. Recebe dois parâmetros: o endereço da carteira de quem autorizou (Alice) e o endereço da carteira autorizada a fazer a transferência por ela (Alex). Uma carteira pode ser autorizada por outras a fazer a transferência em seu nome: Alex, no caso, pode estar autorizado por Alice e Lucas a fazer transferências de tokens no seu nome, por exemplo.

Para que Alex consiga transferir tokens de Alice até a quantidade máxima autorizada por ela, ele precisa invocar a função `transferFrom`. Nela, ele vai informar a carteira onde serão debitados os tokens (a de Alice), a carteira a qual esses mesmos tokens serão creditados e a quantidade de tokens que serão transferidos. O contrato verificará se `msg.sender`, isto é, Alex que está realizando a transação, possui autorização de Alice, se o valor que Alex quer transferir é menor ou igual ao limite máximo de tokens autorizados por Alice e, naturalmente, se Alice tem tokens disponíveis para isso. Caso todas essas condições sejam aceitas, a transferência é realizada e a quantidade de tokens autorizados para Alex transferir é subtraída do valor dessa transação.

Importante notar que da mesma forma que Alice e Lucas podem autorizar Alex a fazer transferências seguras em seus nomes, eles também podem autorizar o próprio contrato a fazer essa transferência, bastando, para isso, quando invocar a função *approve*, indicar o endereço do próprio contrato. Dessa forma, autorizando, até o limite aprovado, a realizar essas transações.

Já vimos todas as propriedades e funções padrão que um token ERC-20 implementa, vamos recapitular:

Propriedades:

- `name` (opcional);
- `symbol` (opcional) e
- `decimals` (opcional).

Funções (métodos):

- `totalSupply;`
- `transfer;`
- `balanceOf;`

- `approve;`
- `allowance` e
- `transferFrom.`

Caso você construa um contrato com essas propriedades e funções as quais recebam os parâmetros esperados e retornem valores de tipos esperados, podemos dizer que seu contrato está em conformidade com o padrão ERC-20 e pode ser compatível com várias aplicações que lidem com ele.

Isso não quer dizer, de maneira nenhuma, que seu contrato não possa conter outras funções e propriedades, além de comportamentos específicos. Na verdade, tokens se diferenciam uns dos outros não somente pelo nome, símbolo e quantidade de casas decimais, mas sim pelo seu comportamento e regras de negócio codificadas nele.

Note que, no conjunto de funções apresentadas, não existe nenhuma que crie tokens ou os atribua a carteiras. Na verdade, o padrão ERC-20 é *incompleto*, esperando que o desenvolvedor crie seus métodos com as regras do seu próprio token, complementando a interface inicial.

O contrato acima pode ser implementado de diversas maneiras. A OpenZeppelin, uma empresa que desenvolve para a blockchain da Ethereum, possui seu modelo, o qual está em conformidade com as regras do ERC-20.

Na implementação da OpenZeppelin existem algumas funções específicas para aumentar e diminuir a quantidade de tokens autorizados para transferência por terceiros. Ao invés de Alice invocar `approve` alterando a quantidade de tokens autorizados por Alex, como foi explicado no exemplo anterior, é melhor que ela invoque a função `increaseAllowance`, indicando o endereço de Alex e a quantidade de tokens que devem ser adicionados ao limite ou, caso queira, subtrailos, utilizando outro método: `decreaseAllowance`. Este é um exemplo prático de como um contrato pode ter suas funções estendidas buscando mais segurança e um uso mais otimizado dos recursos da blockchain, implementando funções que consomem menos poder computacional (*gas*), fazendo com que o contrato continue atendendo às especificações do padrão ERC-20.

Essa implementação da OpenZeppelin prevê também o cunho (*mint*) e a queima (*burn*) de tokens, isto é, sua criação e destruição. O contrato propõe três novas funções internas. Funções internas são aquelas que só podem ser chamadas por outras funções do contrato (ou por contratos derivados desse contrato), ou seja, não podem ser invocadas diretamente pela transação. A primeira destas funções é a `_mint` (conveciona-se incluir o _ antes do nome da função quando ela for interna). Indicando o endereço e a quantidade, é possível cunhar 10 tokens para Alice utilizando essa função. Com a função `_burn` é possível queimar, destruir tokens de uma determinada carteira (até o seu saldo zerar). A função `_burnFrom` (presente na extensão `ERC20Burnable`) faz com que Alex, previamente autorizado por Alice a gastar 3 tokens, por exemplo, possa, ao invés de transferi-los, destruí-los.

E como essas funções podem ser acessadas já que são internas? Não podem ser acessadas diretamente da transação, como já dito. Desta forma, é necessário criar outras funções dentro desse contrato que as invoquem. Estas funções terão várias regras de como e por quem os tokens podem ser criados e destruídos. Contudo, não importa qual seja a regra, apesar de essas duas funções não fazerem parte do padrão ERC-20, convém utilizá-las para esse propósito.

Como visto, apesar de ERC-20 ter seu padrão bem definido, podemos implementá-la de várias maneiras, seguindo sugestões e boas práticas propostas por grandes organizações que já trabalham com criação de contratos - ou não! Respeitando as funções e propriedades fundamentais do padrão ERC-20, qualquer implementação e suas respectivas extensões continuam compatíveis com o modelo e podem ser acessadas e manipuladas por *softwares* e aplicativos preparados para tal.

Pelo lado dos desenvolvedores de aplicação que acessarão esses tipos de contrato, quando estiverem desenvolvendo seus aplicativos, por exemplo, saberão que, ao invocar uma função chamada `balance` e passar como parâmetro o endereço de uma carteira, o contrato retornará o saldo dela. Da mesma forma, se o aplicativo invocar a função `transfer` a partir de uma carteira que possua saldo nesse contrato, poderá transferir *tokens* da carteira de quem usa o aplicativo para uma outra indicada nos parâmetros. É a segurança da previsibilidade que o padrão entrega a quem quiser desenvolver utilizando de suas diretrizes.

ERC-721

A ERC-721 foi inspirada na ERC-20, porém com uma grande e fundamental diferença: contratos dessa natureza lidam com tokens não-fungíveis, os NFT. Os tokens que a ERC-20 implementa são indistinguíveis uns dos outros. Caso Alice tenha 10 tokens e transfira 5 para Lucas, ambos terão 5 tokens. E os 5 tokens de Alice são exatamente iguais aos 5 tokens de Lucas e a única diferença é que estão em posse de carteiras diferentes.

Não é o caso dos tokens criados na ERC-721. Cada token, nesse caso, é único. Pode representar tanto bens reais quanto virtuais. Por exemplo, um token pode representar uma casa e, como sabemos, uma casa é diferente da outra. Uma casa pode até compartilhar da mesma planta que a vizinha, por exemplo, mas, no mínimo, está em um endereço diferente. E caso esteja no mesmo endereço, em caso de apartamentos, estes se diferenciam pelo número de sua unidade (e bloco). Para esses casos, é possível representar uma casa ou um apartamento num token ERC-721 diferenciado dos demais pelo seu conjunto de atributos.

Uma obra de arte também pode ser representada por esse token, visto que são únicas. Uma escultura, produzida por um artista, pode ser uma obra única ou, no mínimo, conter um número de série, caso tenham sido geradas cópias dela. O mesmo se aplica a pinturas, gravuras e fotografias. O número de série é o atributo que as diferencia.

No caso de bens não-fungíveis virtuais também é possível e viável a utilização desse padrão de token. Os CryptoKitties, que abordamos no capítulo sobre NFT, são criados com base no ERC-721. Cada *gato* possui um conjunto de propriedades que, combinadas, fazem com que elas sejam únicas. Porém, foram implementadas um conjunto de regras e novas funções (como é esperado) para que esses tokens possam adquirir novos comportamentos e, a partir da união de dois tokens, gerar-se um terceiro. Isso tudo é apresentado nas regras de negócio descritas no código-fonte do contrato, as quais estendem o uso padrão do modelo.

Caso um contrato seja criado contendo apenas as funções e propriedades do padrão ERC-721, em tese ele está em conformidade com esse tipo de token, porém o que acontece na prática é que usualmente três interfaces andam juntas na construção de um NFT. Além da ERC-721, convém implementar a extensão `IERC721Metadata`, que lida com os metadados do ativo, e a extensão `IERC721Enumerable`, que implementa um índice pesquisável da relação entre as carteiras e os NFT. Também recomenda-se implementar a extensão `IERC721Receiver`, que impede que tokens fiquem travados quando são enviados a contratos não preparados para lidar com tokens de qualquer natureza.

Porém, vamos por partes, explicando cada uma das funções e extensões desse padrão de contrato.

A função `balanceOf` espera um endereço como parâmetro e retorna a quantidade de tokens atribuído a ele. Note que ele só informa a quantidade de NFT que um determinado endereço possui e não quais são eles. Ao contrário de tokens fungíveis, implementados pelo ERC-20, essa informação tem uma grande importância porque informa o saldo de tokens de uma determinada carteira. Nesse caso específico do NFT, esse número perde um pouco de sua importância, porque só indica, por exemplo, quantos CryptoKitties uma carteira tem, sem discriminá-los.

A função `ownerOf` recebe `tokenId` como parâmetro e retorna quem é a carteira dona desse token. Isso já nos obriga a adiantar que `tokenId` é um identificador único (UUID) do token gerado no momento de sua criação.

Para que um token seja transferido entre carteiras, é necessário invocar a função `safeTransferFrom` que recebe três parâmetros: o endereço da carteira de origem, o endereço da carteira de destino e a identificação única (UUID) do token. Funciona parecido com `transfer` e `transferFrom` do ERC-20, sendo uma evolução dessas funções incorporadas numa só.

A primeira coisa que o contrato faz quando essa função é invocada é analisar se o endereço informado na carteira de origem é igual ao de quem está invocando a função, isto é, o `msg.sender`. Caso positivo, ele prossegue com a transferência do token se seu identificador único (UUID) realmente estiver na coleção de tokens daquela carteira.

Caso o endereço de origem informado não seja igual ao de quem está solicitando a transferência, o contrato verifica se o `msg.sender` foi previamente autorizado pela carteira proprietária do token a transferi-lo. Para que uma carteira autorize outra a fazer transferência de seus tokens, existem dois métodos: `approve` e `setApprovalForAll`.

A função `approve` é semelhante ao ERC-20, porém com uma diferença: ao invés de indicar a quantidade máxima de tokens, indica-se qual token (pelo seu identificador único) uma determinada carteira está autorizada a transferir. A outra diferença é que, nesse caso, apenas um endereço pode ficar autorizado a transferir aquele determinado token, além do proprietário. Para verificar qual endereço está autorizado a transferir determinado token, basta invocar `getApproved` passando como parâmetro o UUID do NFT.

A função `setApprovalForAll` delega a um determinado endereço a possibilidade de transferir qualquer token cujo proprietário seja o `msg.sender`. A função que verifica se um determinado endereço está autorizado a fazer transferências de todos os tokens de um determinado endereço é a `isApprovedForAll`, a resposta é simplesmente um `true` (sim, esse endereço está autorizado a fazer qualquer transferência dos tokens da carteira informada) ou `false` (este endereço não está autorizado).

Na ERC-721 existe uma função chamada `transferFrom`, porém não é recomendável seu uso. O motivo disto é que um token, caso seja enviado a um endereço de um contrato que não está *preparado* para recebê-lo, pode fazer com que fique travado para sempre, sem mais nenhuma chance de transferência do mesmo. Endereços de contratos se comportam diferentemente de endereços de carteira. Um contrato tem que estar preparado para receber tokens, caso contrário nem o proprietário do contrato pode manipulá-los.

Quando falamos *preparados*, queremos dizer que o contrato deve ter funções específicas as quais consigam lidar com tokens eventualmente recebidos. Lembrando que os códigos dos contratos não podem ser modificados e, por isso, caso o contrato não possua estas funções que prevejam o recebimento de tokens, não haverá qualquer possibilidade de reavê-los. Para que isso não ocorra, foi criada uma forma de verificar se o contrato indicado como destinatário do token é preparado para recebê-lo antes de enviá-lo. Foi por isso que a função `safeTransferFrom` foi recomendada ao invés de a `transferFrom`. Uma observação relevante: o ERC-20, por não implementar essa funcionalidade, fica sujeito a ter esse problema - exceto se quem estiver implementando o contrato fizer os devidos ajustes.

A extensão padrão `IERC721Metadata` confere um conjunto de atributos aos tokens, os quais podem ser criados e consultados. Consiste em `name`, que é o nome do token, `symbol` que é a sigla ou símbolo do token e a função `tokenURI` que retorna um endereço em que as informações daquele token estão armazenadas.

Para uma correta implementação desse tipo de token, é necessária a criação de um contrato que complemente seu funcionamento. Por exemplo, podemos criar um contrato que, além das funções e propriedades padrão, contenham propriedades que armazenem nome e símbolo do jogo e que essas informações sejam configuradas no momento da criação do contrato na blockchain.

Podemos, também, implementar uma função chamada `awardItem`, que só pode ser invocada pelo dono do contrato (proprietário do jogo), na qual passamos o endereço da carteira que vai receber aquele determinado token e, como segundo parâmetro, a URL de uma página da internet a qual contém o descritivo daquele token. Utilizando do mesmo exemplo da OpenZeppelin, poderíamos chamar da seguinte forma a função:

```
awardItem(
  playerAddress,
  "https://game.example/item-id-8u5h2m.json"
)
```

Em que *playerAddress* é o endereço da carteira do jogador que conquistou aquele token e `https://game.example/item-id-8u5h2m.json` é o endereço que contém as propriedades daquele token. Essa função será responsável por cunhar esse novo token, gerando seu identificador único, guardando suas propriedades e atribuindo-o ao `playerAddress` (endereço da carteira do jogador).

Note que, neste momento, estamos prevendo lidar com dados *off-chain*, isto é, que estão fora do domínio da blockchain. É certo que esse endereço de uma página da web, que está contido dentro dos atributos desse token, não poderá ser alterado. Porém, nada impede que quem tenha acesso a este arquivo neste determinado site possa acessar o servidor convencional e alterar as propriedades daquele NFT.

Desta forma, é papel do programador do contrato e da aplicação encontrar maneiras que certifiquem e validem a informação contida *off-chain*. Exemplo: pode se estender as propriedades incluindo um *hash* dessas informações e inseri-lo na blockchain junto com as outras propriedades do token. Caso os dados do arquivo externo sejam modificados, facilmente o *hash* armazenado apontará uma alteração no conteúdo e o invalidará.

As possibilidades são inúmeras e são exploradas e discutidas no momento da concepção do token, fase em que são levantados os seus requisitos. O padrão ERC-721 dá a infraestrutura básica de boas práticas que um token dessa natureza deve ter, provendo uma interface padronizada cujas demais aplicações podem usufruir de suas funcionalidades.

Criar um token exige o conhecimento prático no uso da blockchain o que, para alguns, é a maneira de materializar e fixar o conhecimento. O que faremos neste capítulo:

- Instalaremos o app Metamask no navegador Chrome para criação das carteiras e envio e recebimento dos tokens;
- Falaremos sobre as diversas redes para testes da Ethereum e geraremos *Ethers* para nossa carteira de maneira gratuita em uma dessas redes;
- Criaremos um contrato ERC-20 através do Remix, um editor de código online gratuito que se conecta ao Metamask e, junto a ele, cria contratos na blockchain;
- Visualizaremos os tokens gerados em nossa carteira e faremos a transferência de alguns deles para uma outra carteira.

Pode parecer técnico e complicado, mas na parte do código iremos basicamente copiar e colar, fazendo alterações pontuais nas propriedades do nosso token, como nome, sigla e quantidade de casas decimais.

Instalando a extensão Metamask no Google Chrome

A primeira coisa a se fazer é instalar o mais difundido app de carteira Ethereum: o Metamask. Utilizando o navegador Google Chrome, basta ir em **metamask.io**, clicar em *Download*, escolher *Chrome* na lista de opções e clicar em *Install Metamask for Chrome*. Após ser direcionado para a loja de extensões, clique em *Add to Chrome* e confirme a adição da extensão. Após a instalação, vai aparecer uma janela com a cabeça de uma raposa em 3D acompanhando o ponteiro do mouse e um botão logo abaixo, clique em *Começar*.

Pressupondo que seja sua primeira vez utilizando o Metamask, clique em *Create a Wallet* para criar sua primeira carteira. O próximo passo é concordar ou não com o compartilhamento de informações de uso do app. A empresa que lida com o Metamask tem boa reputação no mercado, fica a seu critério aceitar ou não. Após isso, criar e confirmar uma senha segura, concordar com os termos de uso e clicar finalmente no botão *Criar*.

Será solicitado que você faça o download de uma senha backup, que é um conjunto de palavras que podem recuperar seu acesso, caso você esqueça sua senha principal. É recomendável guardar essas informações num local seguro. Caso não deseje fazer isso no momento, você pode clicar em *Remind me later* e ser lembrado depois. Clicar em *Seguinte*.

Após isso, pode ser que uma janela oferecendo *swapping* de tokens abra, vamos ignorá-la, fechando-a. Nesse momento, o MetaMask estará instalado no seu Chrome. Para que ele fique sempre visível, basta clicar no ícone que se assemelha a uma **peça de quebra-cabeça** no canto superior direito do navegador, ao lado da barra de endereços. A raposa laranja irá aparecer na lista de extensões instaladas e, ao lado dela, um ícone de **pino**, com a opção de fixar a extensão na barra do navegador, clique nela. Desse modo, o ícone da raposa laranja ficará de fácil acesso para nossas operações.

Nesse momento, você pode fechar a página que aparece e operar o MetaMask somente pelo seu ícone, o que é mais recomendável. Ao clicar no ícone, é apresentado, no centro e em destaque, seu saldo em *Ether* de uma carteira que o MetaMask acabou de criar para você. No centro, logo acima, irá aparecer a qual rede o MetaMask está configurada. Por padrão, o MetaMask opera na rede principal da Ethereum, chamada de *Mainnet*. Logo, deve aparecer

Ethereum Mainnet. Ao clicar nela, irão aparecer outras redes disponíveis, todas de teste: *Ropsten, Kavan, Rikenby*, etc.

Ao lado direito desse controle que indica a rede, teremos um círculo colorido. Este ícone representa sua carteira atual. Clicando nele você pode ter a opção de criar outras carteiras, importar ou conectar a uma carteira física (*hardware wallet*).

No centro da carteira haverá o seu saldo. Visto que é uma carteira nova, seu saldo é (estatisticamente) zero, sendo exibido 0 ETH e o equivalente em dólares logo abaixo, respeitando a cotação do dia.

Mais abaixo tem um botão *Add Token*, que iremos trabalhar com ele logo mais. Antes, vamos configurar o MetaMask para trabalhar com uma rede de testes, criar uma nova carteira e carregá-la usando *faucets*.

Carregando a carteira teste com auxílio de um faucet

A Ethereum tem uma série de redes de testes (chamadas de *testnets*) que rodam paralelamente à *mainnet* (ou rede principal) sem, obviamente, comunicar-se com ela. As moedas e *tokens* transacionados nessa rede não têm valor, porque essas redes, por serem de testes, sofrem constantes atualizações, além de que não há nenhum incentivo para mineração, tornando o algoritmo de prova de trabalho (PoW) bastante vulnerável. Dessa forma, algumas dessas redes são mineradas através de um outro tipo de algoritmo de consenso: prova de autoridade (PoA ou *proof-of-authority*). Esse algoritmo simplifica e agiliza o processo de mineração dos dados, atribuindo a alguns *nodes* a autoridade em minerar os dados, sem o rigor de verificações e sem o esforço requerido pela prova de trabalho (PoW).

Escolheremos a Ropsten, que é a *testnet* mais *parecida* com a Mainnet. A primeira coisa que precisamos fazer é trocar a rede com a qual o MetaMask está trabalhando. Para isso, no Google Chrome, vamos clicar no ícone da extensão do MetaMask, digitar a senha (se ele solicitar), clicar em *Ethereum Mainnet* e selecionar *Ropsten Test Network* para mudar para esta rede teste.

Tecnicamente, não precisaríamos criar outra carteira, porém, não é muito recomendável compartilharmos uma chave primária de uma carteira em uma rede teste ao mesmo tempo que na rede principal. Por isso, vamos criar uma nova carteira no MetaMask clicando no círculo colorido ao lado direito de *Ropsten Test Network*, depois em *Create Account*.

Será solicitado o nome dessa carteira, como exemplo sugerimos colocar `Ropsten Wallet 01`. Automaticamente ela será criada e um endereço será atribuído a ela. Para copiar para a área de transferência o endereço dessa carteira, basta clicar em cima do nome dela. Precisaremos deste endereço na hora de solicitar que o *faucet* carregue nossa carteira teste com *Ethers*. Lembrando, claro, que esses *Ethers* da rede Ropsten não têm nenhum valor.

Com o endereço da nossa nova carteira copiado, vamos em https://faucet.ropsten.be/. Esse site, como já dissemos, é um *faucet* específico da *testnet* Ropsten. Um *faucet* é um mecanismo que credita *Ethers* em carteiras criadas em redes testes para que as pessoas e os desenvolvedores possam testar contratos ou até mesmo o uso e funcionamento das ferramentas da blockchain da Ethereum, como é o nosso caso.

O funcionamento é muito simples: colar o endereço da sua carteira onde tem escrito *Enter your testnet account here* e clicar em *Send me test Ether*. Após alguns segundos, será creditado 1 *Ether* na sua carteira e você poderá visualizar o crédito abrindo novamente o MetaMask.

Esse *faucet* não aceita várias requisições seguidas para não sobrecarregar o sistema. Dessa forma, tenha certeza de que informou o endereço correto da carteira para não ser obrigado a esperar mais alguns minutos antes de a página autorizar outro carregamento.

Escrevendo o contrato no Remix

O Remix é uma IDE (*Integrated Development Environment*, ou Ambiente de Desenvolvimento Integrado) online, acessível pelo navegador, gratuito e que permite, de forma muito simplificada, codificar, compilar e criar contratos na blockchain.

Ao acessar **https://remix.ethereum.org/** é apresentado, a grosso modo, um editor de código com várias funcionalidades. Nosso objetivo não é entender todas as possibilidades do Remix, mas, sim, criar um contrato na blockchain que respeite as conformidades do ERC-20.

Vamos utilizar da implementação da OpenZeppelin para criar nosso contrato. A primeira coisa que teremos que fazer é criar os arquivos dos quais o contrato será dependente.

Primeiro, vamos criar o arquivo que implementa a interface do contrato. Esse arquivo serve como um guia que implementa os métodos (funções) obrigatórios que um ERC-20 deve ter para atender sua conformidade. Para criar um novo arquivo no Remix basta clicar em + (sinal de adição) ao lado direito do nome *browser*, na parte superior da coluna esquerda. Será perguntado o nome do arquivo, digite:

```
IERC20.sol
```

Depois, clique em *Ok*. Pronto, o arquivo sem nenhum conteúdo estará criado e já aberto, como podemos ver na aba que fica na parte superior da página que contém seu nome: IERC20.sol.

Explicando um pouco o nome do arquivo: esse `I` quer dizer *interface*. `ERC20` indica que é a interface do padrão ERC-20. O `.sol` indica a extensão do arquivo, isto é, que é um arquivo do tipo *Solidity*, a linguagem que estamos utilizando para criar o contrato.

Não precisaremos digitar nada, vamos acessar o repositório da OpenZeppelin e pegar o conteúdo desse arquivo de lá. Abrindo outra aba do navegador, sem fechar a do Remix, acessar:

```
https://github.com/OpenZeppelin/openzeppelin-
contracts/blob/master/contracts/token/ERC20/
IERC20.sol
```

O GitHub é um repositório de arquivos que trabalha com um sistema de versionamento (que gerencia as versões desses arquivos) chamado de Git. Não iremos nos aprofundar nessa questão, apenas utilizaremos o Github para copiar o código que iremos precisar para criar o contrato.

Na página, irá apresentar, dentre outras coisas, o código-fonte que precisaremos copiar para o arquivo que acabamos de criar. Para visualizar apenas o código para melhor copiá-lo, basta clicar no botão *Raw*, que fica no canto superior direito. Feito isto, uma versão crua do código será exibida na tela. Selecione todo o código (`CTRL+A` ou no Mac `Command+A`) e depois copie (`CTRL+C` ou no Mac `Command+C`).

Volte à aba do Remix e no arquivo que acabamos de criar, cole o conteúdo (`CTRL+V` ou, no Mac `Command+V`) que foi previamente copiado. O código terá suas partes destacadas através de cores. Podemos notar, em verde, logo depois da palavra `function` que aparece diversas vezes, as funções (métodos) que já conhecemos do ERC-20: `totalSupply`, `balanceOf`, `transfer`, allowance, approve e `transferFrom`. Esta é a base fundamental de um contrato do tipo ERC-20 e esse arquivo dirá ao nosso contrato quais são as funções que ele deve implementar para atender à conformidade deste padrão.

Precisamos criar mais dois arquivos auxiliares que o nosso contrato precisará para funcionar. Apesar de não serem necessários para atender ao padrão, servem como ferramenta e facilitarão a implementação do nosso contrato. Esses arquivos são destacados do contrato porque podem ser utilizados por outros contratos e, por boa prática, é importante isolá-los para eventualmente reaproveitar seu código.

Novamente, vamos criar um novo arquivo no Remix clicando no sinal de + (adição) à direita de *browser* na coluna da esquerda. Note que nosso recém criado arquivo `IERC20.sol` figura na lista logo abaixo, junto com outros arquivos (que não iremos utilizar). Ao clicar neste sinal, será solicitado o nome do novo arquivo. Vamos criar dois arquivos vazios com os respectivos nomes:

`Context.sol` e `SafeMath.sol`

O conteúdo de `Context.sol` pode ser acessado neste link:

https://github.com/OpenZeppelin/openzeppelin-contracts/blob/master/contracts/utils/Context.sol

Repetir o mesmo procedimento que fizemos para o IERC20.sol, isto é: clicar em *Raw,* selecionar tudo, copiar, ir na aba do Remix, selecionar o respectivo arquivo criado com o mesmo nome e colar. Fazer o mesmo para o `SafeMath.sol`, que pode ser acessado neste link:

```
https://github.com/OpenZeppelin/openzeppelin-
contracts/blob/master/contracts/math/SafeMath.sol
```

Após copiar e colar o seu código no Remix, é hora de criarmos o contrato propriamente dito. A implementação padrão do ERC20 da OpenZeppelin está nesse link:

```
https://github.com/OpenZeppelin/openzeppelin-
contracts/blob/master/contracts/token/ERC20/
ERC20.sol
```

O processo será o mesmo: criar um novo arquivo no Remix, dessa vez chamado de `NewToken.sol`, ir no endereço acima, clicar em *Raw*, selecionar tudo, copiar no Github e colar no arquivo recém criado no Remix. Dessa vez, vamos fazer pequenas alterações no nosso contrato, colocando a mão na massa.

As linhas 5, 6 e 7 possuem o comando `import` que é responsável por, como o próprio nome já diz, importar a interface (`IERC20.sol`) e os outros dois arquivos auxiliares para o nosso contrato. Acontece que ele *procura* os arquivos `Context.sol` (linha 5) e `SafeMath.sol` (linha 7) em um outro *caminho* de diretório, como se eles estivessem em pastas diferentes. Isso acontece porque a maneira que a OpenZeppelin organiza seus arquivos no Github é diferente da maneira que estamos construindo nosso contrato, com pastas e subpastas (diretórios e subdiretórios) com vários níveis. No nosso caso, só teremos um nível de diretório, por isso o ajuste. Dessa forma, vamos ajustar as linhas 5 e 7 para que fiquem parecidas com a linha 6, mudando apenas o caminho (retirando pontos e barras) dos respectivos arquivos a serem importados, ficando desse jeito:

Linha 5:

```
import "./Context.sol";
```

Linha 7:

```
import "./SafeMath.sol";
```

A outra modificação que vamos fazer é no nome do nosso contrato. Apesar de ser um ERC-20, podemos alterar seu nome para algo mais, digamos, personalizado. Na linha 33, onde inicia com o texto `contract`, podemos alterar `ERC20` para `NewToken`.

Vamos, primeiramente, entender esta linha e a seguinte:

```
contract NewToken is Context, IERC20 {
    using SafeMath for uint256;
```

Logo após a palavra `contract`, informamos que seu nome é `NewToken`. Na mesma linha é informado que esse contrato herda propriedades de `Context` e da interface `IERC20`, dois dos arquivos auxiliares que estamos utilizando. Logo na linha abaixo, após o início do *escopo* do contrato (após o sinal de abertura de chaves, {), dizemos que utilizaremos também a biblioteca `SafeMath`, o terceiro arquivo que usamos. Visto que todos já foram criados e são importados a partir do caminho correto, após nossos ajustes, temos a segurança de que podemos utilizá-los.

Descendo mais um pouco, na linha 55, onde temos a função construtora representada pelo texto `constructor` vemos três propriedades familiares: `name_` e `symbol_` que são, respectivamente, o nome e símbolo do nosso contrato. Tanto o nome quanto o símbolo serão informados no momento de sua criação, quando, por uma única vez, a função *construct* será invocada.

Dentro do escopo dessa função, mais precisamente na linha 58, temos a configuração da quantidade de casas decimais do nosso token: 8. Para esse token especificamente, deveremos alterar para 2, ficando dessa maneira:

```
_decimals = 2;
```

O contrato como se apresenta não cria nem atribui token a ninguém. Dessa forma, ainda dentro do escopo da função construtora, vamos criar os 100 primeiros tokens e atribuí-los a quem o cria.

Como já sabemos, um contrato é criado através de uma transação e esta transação é enviada à blockchain por uma carteira específica. No código do contrato, o endereço dessa carteira pode ser recuperado através da propriedade `msg.sender`. Nas implementações mais recentes, a OpenZeppelin *evoluiu* a forma que recuperamos essa propriedade através da invocação de um função chamada `_msgSender()`. No nosso contrato, não parece fazer sentido criar uma função que apenas retorna uma propriedade que poderia ser chamada diretamente, porém essa implementação foi criada no intuito de criar contratos que possam ser invocados de forma *gratuita* através de um mecanismo chamado GSN (*Gas Station Network*). Para utilizar-se dessa funcionalidade, o código que a implementa lida de uma forma diferente com a propriedade global `msg.sender` e, por isso, a OpenZeppelin alterou o modo com que tratamos essa propriedade, incluindo-a dentro de uma função a qual pode realizar um conjunto de instruções antes de, de fato, retornar o endereço da carteira que está invocando aquele contrato.

Isso tudo para dizer que, na versão 3.0 da implementação do ERC-20 da OpenZeppelin, ao invés de `msg.sender` utilizaremos `_msgSender()`. Nesse momento, essa explicação é o suficiente para este exemplo.

Voltando para nossa intenção de criarmos 100 tokens e atribuí-los ao criador do contrato, vamos ter que adicionar uma instrução dentro da função *constructor*. Logo abaixo da linha 58, adicionaremos mais uma linha em branco e incluiremos a instrução abaixo antes do fechamento do escopo do construtor (representado pelo fechamento das chaves, }):

```
_mint(_msgSender(), 10000);
```

Ao invés de `100` temos que digitar `10000` porque nosso token possui duas casas decimais. Dessa forma, se tirarmos duas casas decimais de 10.000 teremos 100. É assim que o Solidity funciona: apesar de podermos configurar a quantidade de casas decimais de um token, a atribuição e manipulação, de fato, se dá com números inteiros.

Vamos analisar mais um pouco essa nova instrução. Ela chama a função interna `_mint` que tem o papel de cunhar novos tokens. Essa função aceita dois parâmetros: um endereço de carteira e a quantidade de tokens. Vamos analisar o comportamento dessa função a partir da linha 228. Primeiramente, verifique se o endereço de carteira enviado é válido. Logo depois ele aciona um *hook*, que é uma função que serve como um gatilho e que pode implementar outros comportamentos e verificações chamada de `_beforeTokenTransfer`. Na nossa implementação, essa função é presente, porém vazia. Logo em seguida, através da coleção `_balances`, é incrementada a quantidade de tokens para o endereço da carteira informado. Em seguida, o `totalSupply` também é incrementado baseado na quantidade de novos tokens cunhados. Ao final, a função emite uma mensagem informando a criação desses tokens e a atribuição deles à carteira indicada no parâmetro.

Com isso, temos nosso primeiro contrato feito. Note que, após a criação desse contrato, nenhum token poderá ser criado novamente.

A quantidade máxima de tokens será de 100 e somente quem criou o contrato poderá, inicialmente, transferi-los a outras carteiras. Nem o próprio dono do contrato pode criar mais tokens visto que a função _mint só está sendo chamada na função construtora a qual só pode ser invocada uma única vez na criação do contrato - o que faremos em breve. E da maneira que está configurado o contrato, _mint é uma função interna e não pode ser acionada via transação.

Isso ilustra a segurança que um contrato possui para quem for utilizar, isto é, é tão seguro e transparente que nem seu próprio criador pode alterar as regras do jogo após criá-lo e deixá-lo disponível na blockchain.

Compilando e criando o contrato na blockchain

Com todo o código já configurado, é hora de compilá-lo e enviá-lo para a blockchain.

Lembrando que compilar é transformar um código que está em alto nível, isto é, que é inteligível por seres humanos, para um código mais próximo do que a máquina realmente entende: o *bytecode*. Para compilar nosso código, é importante que o arquivo principal do contrato (o que contém todas as regras e *importa* os demais) esteja selecionado e visível na tela. Após certificar-se de que o NewToken.sol está selecionado, na coluna com ícones à esquerda do Remix, clicar no segundo ícone (*Solidity Compiler*), logo abaixo do que representa duas folhas de papel (a opção *File Explorer*).

Vamos deixar quase todas as opções como padrão: a versão do compilador, a linguagem (*Solidity*), a versão do EVM (Ethereum Virtual Machine), etc. Vamos clicar no botão azul *Compile NewToken.sol*. Caso o botão azul não esteja apontando para compilar esse arquivo, volte ao *File Explorer* e o selecione. Ao clicar neste botão (caso o código esteja correto, os arquivos auxiliares corretamente nomeados e tudo em ordem), o nosso contrato é compilado e é gerado o *bytecode* dele.

Nesse momento, vamos conectar nosso Remix ao MetaMask. A extensão MetaMask permite que sites possam, caso o usuário autorize, conectar-se a uma de suas carteiras e realizar transações com ela - inclusive a criação de contratos na blockchain.

Para fazermos isso, vamos clicar no terceiro ícone (*Deploy & run transactions*), logo abaixo do ícone da seção de compilação. Em *Enviroment* vamos selecionar *Injected Web3*. Automaticamente o MetaMask deve abrir (pode pedir a senha) e solicitará que você escolha qual carteira quer usar. Vamos usar a nossa recém carregada carteira da rede teste Ropsten, a `Ropsten Wallet 01`. Clicar em *Next*, logo depois em *Connect*. No Remix, logo abaixo, deve constar o endereço da carteira em *Account*. Em *Contract* devemos selecionar o `NewToken`. Note que, ao lado do nome, pode aparecer um caminho novo. Esse caminho é onde o Remix criou, ao compilar o código, o arquivo contendo o *bytecode*.

Ao selecionarmos o NewToken nessa lista, aparecerá ao lado do botão *Deploy* algo como `string name_`, `string symbol_`. São os parâmetros do método construtor. Convém expandi-los clicando no botão de seta para baixo logo ao lado.

Só revisitando as opções do nosso construtor: nele é possível, no momento da criação do contrato (e somente nesse momento), indicar seu nome e seu símbolo. Essas informações constarão dentro da blockchain para quem tiver seu endereço consultar.

Em `NAME_`, vamos digitar `NewToken` e em `SYMBOL_`, digitaremos `NTK`. Com tudo configurado, chegamos, enfim, no momento da criação do contrato na blockchain. Clicar em *transact*. O MetaMask irá abrir indicando que estamos criando um contrato (*Contract Deployment*). Já sabemos que para criar um contrato é necessária uma transação desse tipo, e é exatamente por isso que o MetaMask solicita a confirmação. Podemos ver a taxa do *gas* em *Ethers*, o preço do *gas* e o *Gas Limit*. Esse é o *custo* estimado de incluir nosso contrato na blockchain e rodar sua função construtora. Vamos clicar em *Confirm*.

Aguarde alguns segundos (menos de 30), irá aparecer uma notificação de que a transação foi confirmada. No Remix, na coluna esquerda, logo abaixo de *Deployed Contracts*, aparecerá NEWTOKEN AT ... (BLOCKCHAIN), contendo do endereço do contrato após a publicação.

Temos nosso contrato publicado!

À esquerda de NEWTOKEN AT ... (BLOCKCHAIN), clicar na seta para baixo para expandir as opções. Vamos ter acesso às funções do nosso contrato, com seus respectivos parâmetros (clicar na seta direita ao lado de cada função/método para expandir a lista dos parâmetros).

Em *approve* teremos como indicar spender e amount, em transfer podemos indicar recipient e amount, etc. Todos os métodos e parâmetros já conhecidos e abordados anteriormente.

Compilando e criando o contrato na blockchain

Com todo o código já configurado, é hora de compilá-lo e enviá-lo para a blockchain. Lembrando que compilar é transformar um código que está em alto nível, isto é, que é inteligível por seres humanos, para um código mais próximo do que a máquina realmente entende: o *bytecode*. Para compilar nosso código, é importante que o arquivo principal do contrato (o que contém todas as regras e *importa* os demais) esteja selecionado e visível na tela. Após certificar-se de que o NewToken.sol está selecionado, na coluna com ícones à esquerda do Remix, clicar no segundo ícone (*Solidity Compiler*), logo abaixo do que representa duas folhas de papel (a opção *File Explorer*).

Vamos deixar quase todas as opções como padrão: a versão do compilador, a linguagem (*Solidity*), a versão do EVM (Ethereum Virtual Machine), etc. Vamos clicar no botão azul *Compile NewToken.sol*. Caso o botão azul não esteja apontando para compilar esse arquivo, volte ao *File Explorer* e o selecione. Ao clicar neste botão (caso o código esteja correto, os arquivos auxiliares corretamente nomeados e tudo em ordem), o nosso contrato é compilado e é gerado o *bytecode* dele.

Nesse momento, vamos conectar nosso Remix ao MetaMask. A extensão MetaMask permite que sites possam, caso o usuário autorize, conectar-se a uma de suas carteiras e realizar transações com ela - inclusive a criação de contratos na blockchain.

Para fazermos isso, vamos clicar no terceiro ícone (*Deploy & run transactions*), logo abaixo do ícone da seção de compilação. Em *Enviroment* vamos selecionar *Injected Web3*. Automaticamente o MetaMask deve abrir (pode pedir a senha) e solicitará que você escolha qual carteira quer usar. Vamos usar a nossa recém carregada carteira da rede teste Ropsten, a `Ropsten Wallet 01`. Clicar em *Next*, logo depois em *Connect*. No Remix, logo abaixo, deve constar o endereço da carteira em *Account*. Em *Contract* devemos selecionar o `NewToken`. Note que, ao lado do nome, pode aparecer um caminho novo. Esse caminho é onde o Remix criou, ao compilar o código, o arquivo contendo o *bytecode*.

Ao selecionarmos o NewToken nessa lista, aparecerá ao lado do botão *Deploy* algo como `string name_`, `string symbol_`. São os parâmetros do método construtor. Convém expandi-los clicando no botão de seta para baixo logo ao lado.

Só revisitando as opções do nosso construtor: nele é possível, no momento da criação do contrato (e somente nesse momento), indicar seu nome e seu símbolo. Essas informações constarão dentro da blockchain para quem tiver seu endereço consultar.

Em `NAME_`, vamos digitar `NewToken` e em `SYMBOL_`, digitaremos `NTK`. Com tudo configurado, chegamos, enfim, no momento da criação do contrato na blockchain. Clicar em *transact*. O MetaMask irá abrir indicando que estamos criando um contrato (*Contract Deployment*). Já sabemos que para criar um contrato é necessária uma transação desse tipo, e é exatamente por isso que o MetaMask solicita a confirmação. Podemos ver a taxa do *gas* em *Ethers*, o preço do *gas* e o *Gas Limit*. Esse é o *custo* estimado de incluir nosso contrato na blockchain e rodar sua função construtora. Vamos clicar em *Confirm*.

Aguarde alguns segundos (menos de 30), irá aparecer uma notificação de que a transação foi confirmada. No Remix, na coluna esquerda, logo abaixo de *Deployed Contracts*, aparecerá `NEWTOKEN AT ... (BLOKCHAIN)`, contendo do endereço do contrato após a publicação.

Temos nosso contrato publicado!

À esquerda de `NEWTOKEN AT ... (BLOCKCHAIN)`, clicar na seta para baixo para expandir as opções. Vamos ter acesso às funções do nosso contrato, com seus respectivos parâmetros (clicar na seta direita ao lado de cada função/método para expandir a lista dos parâmetros).

Em `approve` teremos como indicar `spender` e `amount`, em `transfer` podemos indicar `recipient` e `amount`, etc. Todos os métodos e parâmetros já conhecidos e abordados anteriormente.

Posfácio

Com o que aprendemos, penso que já é possível vislumbrar as criptomoedas de outra forma.

Materializar a maneira como uma blockchain funciona, o seu nível de segurança e disponibilidade, a quebra de paradigma que uma arquitetura distribuída oferece, foi, desde o início, o objetivo deste livro.

Entender o que acontece quando se realiza uma transação e como ela se comporta no bloco, como se minera este bloco e como se dá o encadeamento dos blocos é o ponto central de entendimento da tecnologia porque conseguimos ver suas engrenagens e seus fortes dispositivos de segurança.

Compreender de onde vem o consenso que os nós da rede garantem ao cumprirem o protocolo também é fundamental para que a blockchain passa a ser uma tecnologia familiar, deixando toda abstração de lado.

Além de nosso passeio pela EVM e seu esquema genial de computação distribuída que nos proporciona incluir código na forma de contratos na blockchain, gerando funcionalidade, tokens e tantas outras aplicações.

Espero que o leitor, ao final desse livro, tenha conseguido assimilar o que tentei passar ao longo dessas poucas páginas. Ofereço meu contato no Telegram (`@carloshc`) para qualquer tipo de dúvida, correção ou feedback que possa enriquecer uma possível segunda edição deste livro.

Muito obrigado.

1ª Edição, 2021.

www.ingramcontent.com/pod-product-compliance
Lightning Source LLC
La Vergne TN
LVHW051640050326
832903LV00022B/826